I0893116

SOCRATE À L'AGORA

SOCRATE À L'AGORA
QUE PEUT LA PAROLE PHILOSOPHIQUE ?

ACTES DU COLLOQUE D'AIX-EN-PROVENCE
(7-8 DÉCEMBRE 2013)

sous la direction de

Mieke de Moor

*Ouvrage publié avec le concours
de Aix Marseille Univ, IHP, Institut d'histoire
de la philosophie, Aix-en-Provence, France*

PARIS
LIBRAIRIE PHILOSOPHIQUE J. VRIN
6 place de la Sorbonne, V[e]

2017

Imprimé en France

ISSN 0249-7867

ISBN 978-2-7116-2764-6

www.vrin.fr

AVANT-PROPOS

MIEKE DE MOOR

Le présent ouvrage constitue les Actes du colloque « Socrate à l'*agora*. Que peut la parole philosophique ? », organisé par l'Institut d'histoire de la philosophie (E.A. 3276) de l'Université d'Aix-Marseille, en collaboration avec le Centre d'études sur la pensée antique « kairos kai logos », qui s'est tenu à Aix-en-Provence, à la Faculté des Arts, Lettres, Langues et Sciences humaines, les 7 et 8 décembre 2013 [1].

Ce colloque international a contribué à déterminer le rôle et le statut de la parole philosophique dans la philosophie pratique antique et moderne en appréhendant de manière transversale certaines dimensions qui relèvent de la parole philosophique telle qu'elle prend forme dans certaines pratiques modernes qui se réclament d'elle. Le colloque s'inscrivait dans un projet de recherche de l'Agence Nationale de Recherche (ANR) qui portait sur « La parole et l'action. Théories, représentations et pratiques du conseil et de la délibération » [2]. Ce projet n'ayant pas abouti, faute de financement, le colloque s'est ouvert à une recherche sur les « nouvelles pratiques philosophiques » et notamment sur les dialogues philosophiques.

Le regain d'intérêt contemporain pour la philosophie pratique permet de considérer que le temps est venu de tenter de tirer au clair comment

1. *Cf.* http://www.socratealagora.com

2. Le projet A.N.R. « La parole et l'action. Théories, représentations et pratiques du conseil et de la délibération », coordonné par Annie Hourcade à l'E.R.I.A.C. à Rouen, réunissait les Universités de Rouen, d'Aix-Marseille et de Bordeaux et leurs Unités de recherche respectives, l'E.R.I.A.C. (Equipe de Recherche Interdisciplinaire sur les Aires Culturelles, E.A. 4307), l'I.H.P. (Institut d'histoire de la philosophie, E.A. 3276), le S.P.H. (Sciences, Philosophie, Humanités, E.A. 4574).

les philosophes modernes ont retrouvé le chemin de l'*agora* et d'entamer une réflexion sur les enjeux philosophiques, éthiques et politiques de la parole philosophique et des pratiques dans lesquelles cette parole prend forme et s'exerce.

Depuis les années 80 ont émergé, notamment dans les pays de l'Europe du nord, des pratiques philosophiques diverses. Celles-ci visent explicitement le domaine du dialogue et de la délibération, aussi bien dans la vie quotidienne, que ce soit au sein de relations entre individus et groupes, qu'au sein des organisations tant publiques que privées, ainsi des associations, des collectivités territoriales, des institutions, des entreprises, ou de toute autre forme d'organisation sociale. Ces différentes pratiques ont trouvé dans un certain nombre de pays une légitimité reconnue et le dialogue philosophique se trouve impliqué dans les instances délibératives et les organes décisionnaires, le plus souvent sous la forme de « dialogues socratiques ».

L'idée de s'approprier certains concepts philosophiques en les mettant en œuvre dans des pratiques spécifiques de la société civile comme dans celles des instances de gouvernance – notamment la notion de philosophie comme « art de vivre » et les notions de dialogue et de délibération philosophique comme modalités du *dialegesthai* socratique – ne manquent pas d'interroger la philosophie, tant sur le plan de l'histoire de la philosophie ancienne que sur le plan de la philosophique pratique moderne.

Les « dialogues philosophiques », tels qu'ils se sont développés dans les trente dernières années, d'abord en Allemagne et aux Pays-Bas, et, depuis 1992, aussi en France, ont-ils acquis assez de maturité, assez de consistance philosophique, assez de rigueur méthodologique et conceptuelle ? Et y a-t-il un rôle à jouer à l'université quant à la formation à ces pratiques philosophiques ? Autant de questions et de sujets de recherche auxquels ce colloque a contribué d'une façon constructive en s'appuyant notamment sur la figure de Socrate à l'*agora* comme lieu de rencontre entre philosophes académiques et praticiens des « dialogues philosophiques ».

Revendication de la figure de Socrate

La figure de « Socrate » et les pratiques ou les postures « socratiques » sont difficiles d'interprétation malgré la richesse des sources, et ce non seulement à cause de la diversité des interprétations auxquelles elles ont donné lieu depuis plus de deux millénaires. C'est en effet de Socrate que sont issues directement quelques-unes des plus grandes écoles philosophiques de l'histoire, à commencer par celle de Platon lui-même qui en fait son interlocuteur privilégié. Socrate est ainsi devenu la figure centrale de l'histoire de la philosophie antique, à la fois modèle et emblème. Et, même si, d'un point de vue historique, Socrate est surtout le philosophe qui tout en plaidant sa cause à l'*agora* n'a pas su pour autant convaincre au tribunal et a été mis à mort, c'est surtout en tant que figure littéraire qu'il a « institué » ce qu'on appelle « la pensée socratique ». C'est en effet déjà chez Platon que Socrate s'impose comme « fiction littéraire au service d'une cause »[3].

Comme l'affirment plusieurs auteurs dans leurs contributions à cet ouvrage, ce sont deux représentations dominantes de Socrate qui ont été particulièrement revendiquées par les « nouvelles pratiques philosophiques » : d'une part, le Socrate qui ne n'écrivit pas de livres et qui interpellait les gens au coin des rues, le philosophe du dialogue, le représentant de la parole philosophique, d'une philosophie qui avait choisi l'oralité comme mode d'expression ; d'autre part, le Socrate « ironique », celui qui fonde le « philosopher » sur la reconnaissance et l'affirmation d'une certaine ignorance comme source de la recherche, qui répète qu'il ne sait rien et ne fixe aucune doctrine[4].

Une telle revendication ne va pourtant pas sans réticences et résistances, sans contestations et rébellions. Le colloque en a été témoin et nous pouvons repérer trois « controverses » en ce qui concerne l'héritage de la figure de Socrate. Ces controverses semblent à première vue toutes trois liées aux sources et à leur autorité.

La controverse la plus « anecdotique » des trois souligne l'intérêt et l'importance de la dialectique socratique au sens technique en affirmant que les échanges conduits par Socrate ont été de préférence des tête-à-tête, dans des contextes tout à fait informels. Or, les « nouvelles pratiques philosophiques » ouvrent des « dialogues socratiques » aussi en groupe et parfois dans des contextes moins informels comme dans des comités d'entreprise ou au sein des conseils municipaux. Elles s'inspirent, en outre, non seulement du Socrate de Platon mais aussi d'autres sources et d'autres philosophes.

Les « nouvelles pratiques philosophiques », en développant des dialogues dits « socratiques » comme méthode et instrument cruciaux pour « philosopher », libèrent donc en un certain sens la figure socratique de la narration, de l'histoire. Elles s'en servent pour construire une armature et un outil au service du « philosopher ». « Méthode socratique » et « dialogue

3. *Cf.* L. Couloubaritsis, *Aux origines de la philosophie européenne. De la pensée archaïque au néoplatonisme*, 4e édition, Bruxelles, De Boeck Université, 2003, p. 249.

4. *Cf.* notamment la contribution de Anne Herla et Gaëlle Jeanmart dans ce même volume, p. 93.

socratique » décrivent, en effet, une variété de pratiques, allant de l'interrogatoire impitoyablement binaire à des exercices de pensée critique avec les enfants. Il est donc important pour un philosophe praticien de présenter sa pratique particulière, qui est, surtout pour les philosophes venant du nord de l'Europe, le plus souvent une variante du dialogue socratique dans la tradition Nelson-Heckmann[5].

Le « dialogue socratique » reste ainsi surtout le nom d'une pratique et d'un genre littéraire, tout comme les « dialogues socratiques » (*sokratikoi logoi*) de l'antiquité. Selon les philosophes praticiens, la philosophie passe par le dialogue, par la controverse, par le questionnement, pas par les textes. Et c'est ici que se situe la deuxième controverse. Revendiquer l'exemple de Socrate n'implique pas pour les praticiens une exégèse des textes. Ils sont d'avis que si la philosophie était l'exégèse d'un corpus savant, la philosophie ne serait pas née avec Socrate. Ils s'affranchissent donc de l'approche technique et philologique à laquelle les antiquisants se cantonnent. En revanche, les praticiens s'emparent de la figure de Socrate, telle qu'elle ressort des multiples travaux de réécriture, s'inspirent de sa vivacité, de sa façon de questionner l'être humain et ses opinions, et contribuent ainsi au développement d'une philosophie populaire et à l'apprentissage d'un « philosopher », en « pratiquant » la philosophie.

L'important est de parvenir à ce que leurs interlocuteurs prennent la peine de réfléchir, qu'ils commencent à reprendre possession de leur pensée et aient le courage de s'exprimer, quitte à ce que ce soit d'abord un mélange d'à-peu-près, de naïvetés, de bons sens et d'ignorance. Il s'agit d'un acte politique, de l'exercice d'une parole démocratique, débarrassé de la tutelle des maîtres et de la croyance selon laquelle l'on n'aurait jamais philosophé en dehors du cercle de l'école et de l'université. C'est dans cette perspective que s'est développée l'exigence – indissociablement philosophique et politique – d'une modification des conditions de la

5. Leonard Nelson (1882-1927) était un mathématicien et philosophe allemand qui, inspiré par Socrate, Emmanuel Kant et l'interprète de Kant, Jakob Friedrich Fries, a créé sa propre méthode socratique. La méthode a été par la suite mise au point par les étudiants de Nelson, en particulier par Gustav Heckmann (1898-1996). Le texte fondateur de Nelson, « Die sokratische Methode » se fonde sur une conférence donnée le 11 décembre 1922 à la Société pédagogique de Göttingen (*Cf.* L. Nelson, « Die sokratische Methode ». Vortrag, gehalten am 11 Dezember 1922 in der Pädagogischen Gesellschaft in Göttingen, *in* O. Meyerhof, F. Oppenheimer, M. Specht (hg.), *Abhandlungen der Fries'schen Schule. Neue Folge* 5, Chap. 1, Göttingen, Verlag Öffentliches Leben, 1929, p. 21-78). C'est un texte fort riche même si Nelson s'emploie à en amoindrir d'emblée les attentes en annonçant que la philosophie ne ressemble à aucun autre sujet et qu'il ne peut pas vraiment parler de méthode socratique. Il cite la *Septième Lettre* de Platon (341c-d) et se compare à un violoniste « qui, lorsqu'on lui demande comment il joue du violon, peut certes faire montre de son art, mais ne peut pas expliquer sa technique en termes abstraits ».

transmission de la philosophie, à travers la conscience d'une pratique, où la philosophie redevient commerce (au sens classique du terme : échange). Encore faut-il que cet échange de mots et d'idées, pour être parole philosophique, échappe à une persuasion sophistique et s'interroge sur ses propres conditions.

Enfin, troisième controverse et point de tension le plus douloureux à en juger par la persévérance avec laquelle elle revient, la question épineuse de l'argent. La liberté étant une des conditions de la parole philosophique, peut-on considérer les interlocuteurs comme des « clients » et se faire payer par eux ? L'argument étant que l'« éducation » de Socrate était libre en ce sens que, comme le rapelle le Socrate de Xénophon à Antiphon, « à l'opposé de ceux qui, prenant de l'argent, sont obligés de faire ce pour quoi on les paye, moi, qui ne reçois rien, je ne suis pas contraint de m'entretenir avec ceux qui me déplaisent »(I, 6, 5).

Un vrai problème fait ici son apparition. La question de la rémunération et, en un sens plus large, du financement est un des problèmes majeurs de notre société. Même en admettant que ce trait de Socrate ait été idéalisé, il n'empêche que la philosophie est devenu un métier. Cette professionnalisation a eu des conséquences considérables sur le style du philosopher lui-même : à mesure que la philosophie devenait l'affaire exclusive de spécialistes, elle se faisait aussi plus technique, au point de s'identifier désormais avec cette technicité elle-même comme garante de sa qualité. Les philosophes sont devenus des « travailleurs du concept » selon la belle formule de Georges Canguilhem reprise par Gilles Deleuze et Félix Guattari[6].

Aussi assistons-nous aujourd'hui à des processus complexes de « marchandisation de l'enseignement ». L'enseignement est de plus en plus considéré comme un produit et il a, en tant que bien de consommation, sa place dans l'économie nationale et mondiale. Désormais, par différents processus, les universités elles-mêmes se sont accomodées aux exigences des marchés.

Toutefois, le *philosopher*, que ce soit « à l'agora » ou « à l'académie », n'est pas, et ne peut pas être, en tant que tel, un « bien de consommation ». En effet, de même que l'on peut aller trouver un éducateur sportif pour

6. *Cf.* G. Canguilhem, *Études d'histoire et de philosophie des sciences concernant les vivants et la vie*, Paris, Vrin, 1990, p. 206 : « La Philosophie du Non c'est une philosophie du travail, en ce sens que travailler un concept c'est en faire varier l'extension et la compréhension, le généraliser par l'incorporation des traits d'exception, l'exporter hors de sa région d'origine, le prendre comme modèle ou inversement lui chercher un modèle, bref lui conférer progressivement, par des transformations réglées, la fonction d'une forme » ; *cf.* G. Deleuze, F. Guattari, *Qu'est-ce que la philosophie ?*, « Critique », Paris, Minuit, 1991, p. 7-17.

travailler à sa condition physique, de même on peut aller trouver un philosophe afin de travailler à sa sagesse, à sa capacité de réflexion et de questionnement. Ni la condition, ni la réflexion ne sont des « produits » offerts ou vendus au « client ». La rémunération ne concerne que le « service » que rend l'éducateur ou le philosophe pour faire travailler le client, l'étudiant lui-même. C'est cet exercice qui a une valeur et les personnes qui le pratiquent peuvent y trouver un intérêt personnel ou collectif et apprécier ou non le service rendu qui est censé le faciliter. En ce qui concerne la pratique philosophique ce service n'est pas un « coaching » au sens d'un accompagnement vers un objectif prédéterminé mais vise à « faciliter » l'exercice autonome de la raison. Guidés par la discussion, par le dialogue ou par la maïeutique socratique, il s'agit de savoir « poser » les problèmes, d'élaborer des problématiques, d'envisager des hypothèses et de « trouver » ou de « construire » des perspectives et des solutions variées. Une telle pratique du « nouveau » dialogue socratique permet assurément de s'émanciper de la marchandisation de l'éducation et il se peut que, grâce à elle, un renouvellement de l'enseignement, au sein de l'université, devienne dès lors possible[7].

Les contributions

Philosophes praticiens de plusieurs pays et de plusieurs continents ainsi que philosophes académiques de plusieurs universités nationales et internationales ont participé à ce colloque. Ils se sont réunis à l'université non seulement pour débattre du rôle, du statut et du développement des pratiques philosophiques, mais aussi pour montrer et pratiquer ces méthodes lors d'ateliers qui se sont tenus tant en français et en anglais.

Les textes publiés dans cet ouvrage sont issus des interventions présentées lors du colloque, et c'est la raison pour laquelle on y trouve des contributions en français et en anglais. Le volume suit l'ordre chronologique des communications présentées lors des deux jours du colloque.

La première contribution, celle de Livio Rossetti, s'ancre sur deux paradoxes de l'éducation qui ont pour objet à la fois la figure de Socrate et les pédagogues de la philosophie pour expliquer ensuite comment ces deux paradoxes ont pu être dépassés par les innovations qui se sont produites dans la philosophie depuis la fin du deuxième millénaire. Innovations dont ce colloque témoigne, mais qui semblent avoir pour corollaire crucial

7. Comme le dit en ce sens Hannah Marije Altorf : *Cf.* : H.M. Altorf, *Selling Socrates, or the Unexamined Life and the University*, http://www.diskurs-zeitschrift.de/2013/09/10/selling-socrates-or-the-unexamined-life-and-the-university/.

que le dialogue « à la manière de Socrate » risque bien de ne plus être un modèle, un idéal qu'on ne peut espérer dépasser, ce qui ne s'est jamais produit au cours des vingt-quatre derniers siècles.

Les trois contributions qui suivent abordent chacune des aspects de ce qu'on appelle, dans la pratique philosophique, le dialogue socratique. Dries Boele passe en revue les bénéfices que procure, tant pour la vie personnelle que sociale, l'usage du dialogue socratique dans différents contextes (éducatif, entrepreneurial, institutionnel, etc.) en raison des caractéristiques spécifiques de cette méthodologie. Kristof Van Rossem montre comment il mène un tel dialogue avec une seule personne. Il précise pourquoi il appelle cette conversation « socratique » et montre quels sont les liens qu'elle entretient avec le Socrate de Platon. Laura Candiotto, en insistant sur le rôle joué par les émotions dans le dialogue socratique ancien et sur l'horizon éthique de celui-ci, vise à justifier théoriquement un « dialogue socratique intégral », c'est-à-dire une pratique du dialogue socratique qui prend en compte la valeur des émotions pour la connaissance.

Avec la cinquième contribution c'est sur l'aspect politique de la philosophie dans son exercice pratique qu'est mis l'accent. Anne Herla et Gaëlle Jeanmart s'appuient sur la dimension politique de leur projet PhiloCité (atelier de philo enfants-ados-adultes à Liège) pour s'interroger sur la figure de Socrate en se focalisant sur la question de l'ignorance, plus précisément sur l'ignorance de Socrate. Elles confrontent le « maître ignorant » de Rancière au « docte ignorant » que serait Socrate, en vue de penser les conditions d'une philosophie populaire. La critique du Socrate platonicien leur permet d'établir une figure de Socrate plus apte à stimuler une pratique véritablement émancipatoire et démocratique de la philosophie.

En s'appuyant sur diverses exemples de nombreux pays, Lou Marinoff montre, dans la sixième contribution, comment la globalisation du mouvement de pratique philosophique s'est traduite non seulement en termes de présence et de développement, mais également dans les termes d'une prise de conscience de la part du public et en termes d'accroissement de la demande de services. Cela a conduit nombre de jeunes philosophes récemment qualifiés d'un point de vue académique à choisir la pratique philosophique comme thème de leur recherche doctorale et comme projet professionnel personnel. Les praticiens philosophiques, en reconfigurant les espaces publics et privés, remodèlent la culture elle-même et par là même donnent une nouvelle forme aux présupposés politiques. Il considère dès lors que la pratique philosophique ainsi entendue est aussi une forme d'activisme politique.

Dans la septième contribution, Thomas Polednitschek considère l'*agora*, autrement dit la place publique, où les problèmes des citoyens sont « politisés », comme la place philosophique de la pratique philosophique. Il opère une distinction entre la place actuelle de la pratique philosophique et sa « place philosophique ». Le philosophe dans son exercice pratique est « comme » « Socrate politique » effectuant un déplacement vers l'espace public ; c'est un « citoyen » qui considère les affaires publiques comme étant son ambition personnelle. La pratique philosophique veut réveiller – et maintenir éveillé – le « citoyen », le « soi politique » du citoyen dans le « bourgeois dépolitisé » de l'individualisme post-moderne. Il considère donc la pratique philosophique comme étant une « philosophie politique ».

Dans une huitième contribution, Leon de Haas partant de la thèse selon laquelle, depuis le XIXe siècle, la philosophie est en crise, considère que le concept de pratique philosophique, tel qu'il est défendu par le philosophe Gerd Achenbach, ainsi que son invention de la « consultation philosophique »[8], ne sont que des tentatives pour sortir de cette crise et que, en dépit des efforts pour professionnaliser la pratique philosophique, nous ne disposons pas encore de critères communs permettant de comparer et de juger ces pratiques. Il tente de pallier ce manque en proposant, en s'appuyant pour cela sur la phénoménologie de Husserl et les investigations philosophiques de Wittgenstein, des critères, des « paramètres discriminants », et c'est dans les termes de ces paramètres discriminants qu'il caractérise sa propre façon de pratiquer la philosophie.

Enfin, avec la neuvième contribution, Isabelle Pariente-Butterlin clôture ce volume en se posant une question en amont des dialogues socratiques, une question de philosophie pratique au sens classique et « éthique », à savoir celle de la place de la philosophie dans la Cité et de ce qu'il est raisonnable de lui demander dans le jeu social actuel. Elle constate qu'on se tourne en effet, aussi bien à l'hôpital que dans l'entreprise, vers des philosophes conçus comme des experts des décisions et des situations complexes de l'existence, individuelles et sociales, capables d'aider à résoudre les problèmes éthiques que les acteurs sociaux rencontrent dans toutes les situations de leur pratique. Or, même si la philosophie classique trouve là une occasion de reprendre une place que socialement elle a peut-être pour partie perdue, il ne va pas de soi qu'elle soit entièrement légitimée à le faire. Isabelle Pariente-Butterlin distingue dans cette perspective un niveau de réponse à proprement parler éthique et moral qui offre des normes et valeurs, et un niveau de réponse méta-éthique. Elle considère

8. Gerd Böttcher Achenbach est un philosophe allemand. Il est largement connu pour avoir fondé le premier « cabinet philosophique » du monde en 1981.

que la place du philosophe se trouve plutôt dans un type de discours méta-éthique que dans une réponse éthique aux questions qui lui sont posées par les acteurs sociaux. C'est ce qui lui permet d'interroger les rapports entre l'abstraction du propos et les conséquences concrètes et effectives qui peuvent être les siennes. Elle tente ainsi de construire un trait d'union entre « académiciens » et « praticiens ».

Ce colloque n'aurait pu être organisé et ces actes n'auraient pu être publiés sans l'aide matérielle et financière de la Faculté des Arts, Lettres, Langues et Sciences humaines de l'Université d'Aix-Marseille, de l'Institut d'histoire de la philosophie (E.A. 3276) et du Centre d'études sur la pensée antique « kairos kai logos ». Qu'ils en soient ici sincèrement remerciés.

C'est avec un grand plaisir que nous exprimons aussi notre gratitude à toutes les autres personnes et partenaires qui ont contribué matériellement et financièrement à ce colloque, tout particulièrement à la fondation Agnesb à Paris et à la Librairie Goulard à Aix-en-Provence. Nos remerciements les plus vifs vont également à Michele Corradi pour son aide précieuse pour la correction des épreuves. Nous devons, en outre, une grande reconnaissance au directeur de l'Institut d'histoire de la philosophie, Alonso Tordesillas, pour son soutien infaillible.

LE DIALOGUE SOCRATIQUE, UN MODÈLE DÉSORMAIS DÉPASSÉ ?

LIVIO ROSSETTI

Cet article prend pour point de départ un double paradoxe. D'une part, il s'ancre sur cette divergence, spectaculaire, existant entre l'habitude que nous avons de penser que Socrate a été le champion du dialogue d'égal à égal, habitude qui, pour nous, Italiens, est liée à l'enseignement de Guido Calogero, et les arguments avancés récemment par un spécialiste sud-américain, Walter Oman Kohan. Kohan suggère en effet presque le contraire de ce que dit Calogero. Il insiste sur le fait que, dans les dialogues aporétiques de Platon – en réalité, ce n'est pas seulement dans le cas de ce groupe de dialogues dits socratiques que cela se produit –, Socrate se révèle souvent incapable d'écouter son interlocuteur, déterminé comme il est à suivre son intuition et à s'imposer sans hésitation (ou presque) à son interlocuteur. Le Socrate de Kohan devient ainsi presque l'exact contraire du personnage admirable dont nous parle Calogero. Voilà une situation curieuse, un contraste paradoxal entre deux images du philosophe, alors même que, comme j'espère le montrer, les deux auteurs ont raison et que nous trouvons réellement ces deux aspects chez Socrate, en sorte que nous sommes confrontés à un problème tout à fait nouveau et foncièrement insoupçonné.

Mais ce n'est pas là le seul paradoxe, et aussitôt après avoir énoncé ce premier paradoxe, il semble pertinent, d'autre part, pour bien cerner le problème, de s'appuyer sur un autre paradoxe de l'éducation, lui aussi quasi invisible, et dont l'objet n'est pas cette fois Socrate mais – et cela peut surprendre – l'ensemble des pédagogues. J'entends par là tous ces pédagogues qui, depuis la fin du XIXe siècle et pendant environ un siècle, se sont battus pour modifier le système scolaire « occidental » et pour lui enlever la trop grande rigidité dont il était affecté, souvent de façon spectaculaire, et ce notamment à partir de la seconde moitié du XIXe siècle, époque où l'école devint de plus en plus un appareil d'État ayant pour objet l'éducation nationale et appliquant des modèles de conduite passablement bien définis. Paradoxe ? Assurément, parce que non seulement cette glorieuse tradition de novateurs a vu le problème se résoudre, du moins dans nos pays, en Europe occidentale, lorsque, à la suite du mouvement dit de « Soixante-huit », le besoin de rompre cet excès de rigidité s'est affirmé de façon spectaculaire et pratiquement irrésistible, quoique de manière différente, avec une solution inattendue, et somme toute radicale ; mais encore parce que, du moins à ma connaissance – et le *Socrate in classe* de Mirella Napodano, mentionné en bibliographie, vient suggérer la même chose –, cette glorieuse tradition pédagogique se caractérise par un silence total sur Socrate, voire par une étonnante incapacité non seulement d'exploiter le modèle socratique, mais même tout simplement de s'en souvenir et d'y voir un véritable modèle. Tout s'est passé comme si l'on ignorait que Socrate fut le premier à rompre avec la rigidité du rapport entre le maître et ses élèves, à se débarrasser des aspects rituels de l'enseignement (par le refus du paiement, tout d'abord, mais pas seulement par cela, par bien d'autres choses encore) au point de conduire ses échanges perturbateurs, de préférence, dans des contextes inattendus : à table, au gymnase, assis sur les marches d'un temple, au cours d'un banquet ou d'une promenade, en faisant la queue (en attendant l'entretien préliminaire avec l'*archon* en vue de son procès), etc. Son objectif était, on l'imagine aisément, d'assurer aux échanges un très haut degré de fluidité et de spontanéité, et même un degré particulièrement remarquable de parité entre les interlocuteurs. Tolstoï et Montessori, Dewey et Decroly, Kerschensteiner et Freinet, tout comme nombre d'autres pédagogues éclairés, ont assurément tenté de penser à nouveaux frais l'ensemble des rapports existant entre les institutions et les élèves, notamment en matière d'enseignement, afin de rendre les relations infiniment moins hiérarchisées, plus ductiles, plus fluides, plus informelles, et, enfin, plus accueillantes, sans se rendre aucunement compte qu'ils avaient eu un précurseur de taille en Socrate ou, du moins, dans tout ce que tout le monde sait – ou devrait parfaitement savoir – de Socrate.

À vrai dire, l'inattention de nombre de ces pédagogues éclairés ne tenait pas à une question d'ignorance de leur part, étant donné que les spécialistes de Socrate eux-mêmes se sont employés pendant toute la période qui va de 1880 à environ 1940 à faire oublier tout cela, principalement en disputant de la question du degré de fiabilité qu'il convient d'accorder à nos sources quant à savoir s'il faut faire confiance plutôt à Xénophon, ou plutôt à Platon, à moins que ce ne soit plutôt à Aristote, ou à Antisthène. Après quoi le cyclone Gigon a imposé une approche sceptique de la soi-disant question socratique et pendant trois décennies tout le monde s'est interrogé sur la possibilité de sortir de cette impasse. Après le cyclone Gigon vint le cyclone Vlastos qui, lui, s'est prononcé en faveur de certains points de doctrine que l'on retrouve chez Platon. Et ainsi de suite. Comme on peut le voir, en procédant de cette manière on a parlé de tout sauf des modalités nouvelles que Socrate a introduites dans sa manière d'être un maître, un intellectuel éclairé, un ami précieux et un interlocuteur exigeant.

Disons-le franchement : tout cela a été oublié. Le paradoxe concernant les pédagogues, à savoir le fait de ne pas se rendre compte qu'ils pouvaient compter en leur faveur sur un modèle extraordinaire, est même un paradoxe particulièrement bien partagé. L'auteur de cet article lui-même, bien qu'ayant consacré un peu plus de quatre décennies à des études sur Socrate, a ignoré ces aspects y compris dans un article de 2010 où il prétendait pourtant faire connaître « Socrate, cet inconnu » [1], et c'est très volontiers que je m'accorderai tout à fait avec quiconque dirait que c'est là chose grave. Comment cela a-t-il été possible ? Il faut oser le dire : tout le monde a oublié ce que Socrate fut et ce qu'il put signifier aux yeux de ses contemporains, ce qui justifie pleinement le peu d'attention accordée à cet étonnant personnage dans les écrits de plusieurs générations de pédagogues éclairés. En fait, pour réussir à voir ce qui au demeurant était sous nos yeux, il a fallu une évolution de notre société, alors même que la figure de Socrate est encore instable et en voie de reconstitution.

Pour tout dire, cette petite histoire a continué avec deux innovations remarquables, caractéristiques de notre époque : d'une part l'avènement de la philosophie avec (ou pour) les enfants et les adolescents, d'autre part l'émergence des cafés philosophiques. Donner aux enfants et aux adolescents la possibilité de s'exprimer indépendamment des devoirs scolaires et des vérifications des connaissances acquises, et faire cela toujours à l'école, et de manière régulière et périodique et non de façon occasionnelle ou quasiment fortuite, a été une véritable découverte et une nouveauté remarquable qui caractérise et caractérisera ce troisième millénaire après la période d'incubation qui marqua les trois dernières décennies du deuxième millénaire. Simultanément, les cafés philosophiques, tout comme les festivals de la philosophie, tel celui de

1. *Cf.* L. Rossetti, « Socrate, questo sconosciuto », *Peitho. Examina antiqua*, 1, 2010, p. 13-30.

Modena, ont ouvert une possibilité inconnue jusque-là pour les adultes de se retrouver pour exprimer et confronter des idées, en le faisant toujours – et cela est important – avec une périodicité raisonnable. C'est grâce à ces deux innovations que, comme chacun sait, la philosophie est sortie des classes où elle était, et que « Socrate » s'est retrouvé « à l'agora », que celle-ci soit la classe scolaire ou le café.

Qui plus est, la philosophie, qui, grâce à ces nouveautés, a pu sortir des classes, où elle était pour ainsi dire quasiment emprisonnée, a pu également connaître une nouvelle vie non en tant qu'objet d'étude, de cours, de livres et même d'examens, outre que de congrès, de parcours professionnels, de prestige et de pouvoir académique, mais en tant que philosophie qui se fait, qui se produit à la suite d'échanges suffisamment poussés, et ce non pas entre professionnels, mais entre adultes profanes, tout autant qu'entre adolescents et enfants. La philosophie, *chose-qui-se-fait* !

Il s'agit là, me semble-t-il, d'un événement majeur. Majeur, tout d'abord, pour les enfants, les adolescents et les adultes qui, tout en vivant cette expérience de liberté intellectuelle et d'écoute réciproque, ont désormais à leur disposition des ressources sur lesquelles s'appuyer pour prévenir l'ankylose irréversible de leur potentiel philosophique ; mais événement majeur aussi pour la philosophie elle-même, qui, du même coup, devient plus libre, plus ouverte, moins liée à une profession ou à l'obtention d'un poste professionnel rétribué. Que ces innovations puissent modifier la philosophie et les philosophes en profondeur est encore à vérifier, mais il est très vraisemblable que ce sera le cas. Nous aurons l'occasion de revenir sur ce point plus avant.

Si on regarde maintenant du côté des enfants, il y a en outre une autre nouveauté de taille, qui date, autant que je sache, de 2005 et qui concerne la parution d'un petit groupe de livres consacré à raconter en détail (autrement dit à revivre) des entretiens philosophiques qui ont eu lieu à l'école primaire, et qui évoquent donc la vie d'une classe. Ce privilège, qui, comme tel, est similaire à celui qui touche tous les véritables commencements, a commencé par concerner un groupe d'élèves de l'école primaire de Chiugiana, tout près de Perugia, grâce à ces deux enseignants que sont Anna Rita Nutarelli et Walter Pilini, et a fait l'objet d'une publication aux éditions Morlacchi[2]. Je tiens le livre en question pour un véritable incunable. Trois autres livres du même genre ont ensuite été publiés par la même maison d'édition[3], cependant qu'un cinquième

2. A.R. Nutarelli, W. Pilini, *La filosofia è una cosa pensierosa. Diario di un'esperienza nella scuola primaria di Chiugiana*, « Filosofia con i bambini », Perugia, Morlacchi, 2005.

3. G. Carrucola, A.R. Nutarelli, W. Pilini (a cura di), *La filosofia a/ha sei anni. L'enciclopedia filosofica dei bambini e delle bambine di prima elementare. Idee-ragionamenti*

est paru chez un autre éditeur, également en Italie[4]. À ma connaissance, il n'existe pas d'autres publications de ce type pour l'heure.

La grande nouveauté réside en ce que ces livres, dont chaque enfant se voit offrir un exemplaire en cadeau, rapportent, pour chacun d'eux, non seulement deux ou trois mots, mais une ou plusieurs dizaines de mots ou de phrases dans leur contexte, si bien que chacun peut se retrouver soi-même (et retrouver ses camarades) à tout âge dans le livre qui le concerne. Il peut donc non seulement revivre la magie d'une époque passée, celle de son enfance, avec une intensité rare, mais aussi, de temps à autre, prendre son crayon et noter « aujourd'hui (date) j'écrirais plutôt... », ou « c'est curieux, mais *x* ans après, j'ai encore, peu ou prou, la même opinion », et il peut tout aussi bien partager ce trésor avec qui il voudra, y compris ses enfants. C'est la quantité des remarques qui, grâce au contexte dans lequel ces pensées ou ces déclarations ont pris forme, permet que des témoignages de ce genre puissent se révéler significatifs. Il faut ajouter pour faire bonne mesure que rien de comparable n'a jamais eu lieu dans le passé *à aucune époque* et je soupçonne que cela ne s'est jamais produit non plus *dans aucun pays*. Nous sommes donc bien en présence là d'un véritable incunable, d'un précieux cadeau, donc, en tant que les protagonistes de ces livres auront par là la possibilité unique de retrouver leurs pensées enfantines, alors que cette opportunité est, pour nous, irrémédiablement perdue puisque personne, en son temps et au bon moment, n'a, hélas, jamais rien couché par écrit.

Si c'est là la nouveauté la plus remarquable dans la mesure où il s'agit d'un genre littéraire tout à fait sans précédent qui débute et si cette nouveauté a le privilège de s'être concrétisée matériellement dans des volumes publiés, il ne faut pas pour autant oublier qu'un puissant processus qui pousse les écoles à introduire de la souplesse et de la malléabilité dans le système des relations inter-personnelles est en cours dans notre société, ce qui ouvre d'autres perspectives, celles-là non éphémères, aux opportunités de philosopher, et cela à la fois sans ambition académique, et

sul mondo, « Filosofia con i bambini », Perugia, Morlacchi, 2008 ; A. Presentini, ... *O forse il tempo siamo noi. Storia di un percorso di pensiero : un gruppo di bambini e la loro maestra si raccontano*, « Filosofia con i bambini », Perugia, Morlacchi, 2012 ; D. Spadotto, *I bambini che muovono i discorsi. Pratiche dialogiche nella scuola primaria*, « Nuovi quaderni del CRLE », Perugia, Morlacchi, 2013. Un autre livre à ne pas oublier : A. Iacono, S. Viti (a cura di), *Le domande sono ciliegie. Filosofia alle elementari*, Roma 2000. Voir aussi S. Viti, *Marinai dell'immaginario. Come raccontano i bambini*, Roma 2008.

4. F. Lorenzoni (a cura di), *Una verità, non sicura però...*, Giove, Amelia (Terni), Associazione Cenci Casa-Laboratorio editore, Serigrafia Else, 2013. Franco Lorenzoni enseigne à la Scuola elementare di Giove, dans la province de Terni en Ombrie. Il est le co-fondateur, en 1980, de la Casa-Laboratorio di Cenci, lieu de recherche sur l'éducation et les arts.

à la fois ouvertes à tous, des enfants aux adultes, des hommes jouissant de leur liberté aux prisonniers. Cette ouverture au domaine de la détention est en effet une ouverture récente qu'on a vu se produire dans notre pays (grâce notamment à Giuseppe Ferraro)[5]. J'ignore pour ma part si des expériences comparables ont lieu dans d'autres pays. Mais, à n'en pas douter, d'autres nouveautés émergeront et se répandront, nouveautés dont je n'ai pas encore connaissance, mais dont il est à espérer qu'on les découvrira peu à peu. Car, une fois qu'une perspective est ouverte, chacun introduit, indépendamment des autres, ses propres innovations, et c'est alors qu'on s'aperçoit de l'utilité que recèle la mise en commun de ces apports, mieux encore, qu'on prend conscience de la nécessité de connaître ou du moins d'avoir une idée de ce qui se passe autour de nous. En effet, parmi les effets prévisibles de cette « révolution tranquille » (mot cher aux québécois), l'un des plus importants est l'émergence du problème de la circulation des idées concernant les expériences et de sa nécessaire prise en considération. En effet, si la réflexion philosophique n'est partagée que par un petit groupe de personnes non particulièrement qualifiées, ces rencontres n'auront guère d'écho et elles se limiteront la plupart du temps aux seuls participants de ce groupe, si bien que, à supposer que l'entretien fasse émerger des excellences (ou au contraire révèle des traits peu pertinents), le manque d'opportunités permettant de partager ces expériences sera toujours un frein à la circulation de l'information : le défaut de communication concernant des expériences comparables, qu'elles aient lieu à un ou à des milliers kilomètres de distance, amoindrira la valeur de ce qui s'est produit dans un endroit fort restreint, comme l'est une classe d'école, une salle de prison, un café situé dans tel ou tel coin de la ville ou du village, etc. D'où la nécessité qu'existent certaines opportunités d'autres ordres pour se connaître et se raconter, et par conséquent qu'existent des organes de contact et même des niveaux supérieurs d'échange, ainsi de ce colloque aixois.

Venons-en maintenant en quelques mots au détail de ces innovations. Tout d'abord, nous pouvons dire qu'elles semblent se distribuer autour de trois pôles : le domaine de la philosophie faite avec des mineurs, le domaine de la philosophie faite entre adultes, le domaine de la « philosophie-faite » par rapport à la « philosophie-enseignée-et-étudiée ».

Premier domaine : les enfants. Premier domaine et première découverte : les mineurs pensent ! Belle découverte que celle-là, car il ne s'agit pas de constater qu'il en est certes de fort intelligents ou que certains nous

5. *Cf.*, par exemple, G. Ferraro, *Filosofia in carcere. Incontri con i minori di Nisida*, « Sovraimpressioni », 14, Napoli, Filema, 2000.

surprennent à divers égards, mais qu'ils font de la philosophie à part entière et qu'ils ont tout à fait le droit d'en faire. Il est tout à fait éclairant à ce sujet de souligner la stupidité qui caractérise le mépris qui se fait sentir à cet égard, lorsqu'il se manifeste, à l'occasion, du haut d'une position à laquelle on est parvenu ou d'une condition sociale bien établie ou par référence à un patrimoine assurément considérable mais simplement hérité et de ce fait sans grand mérite. Qu'il s'agisse là d'une position stupide, c'est ce que l'on peut reconnaître sans difficulté, mais que penser, en revanche, de l'attitude présomptueuse des adultes devant la prétendue ingénuité des enfants ? Serait-ce que d'aventure on ne pourrait pas faire à chaque âge de la vie de son mieux pour réfléchir sur ce dont on fait l'expérience ? Le temps est venu de reconnaître enfin la dignité « scientifique » des idées élaborées par les mineurs, lesquelles s'élaborent toujours bien entendu à partir de ce qui est connu et de ce que nous disent ceux de notre milieu. En effet, à quelque âge que ce soit, tout se passe comme dans les dialogues platoniciens, on part toujours de ce qui a été dit par les autres, ce qui ne signifie pas nécessairement que l'on commence par des banalités, à moins que celles-ci ne permettent d'entamer un processus de raffinement progressif des idées. Durant l'enfance un grand nombre d'idées (celles des autres) a la possibilité de s'accumuler et de devenir ainsi un patrimoine précieux, y compris à l'âge de 5-6 ans, bien avant même d'être en mesure de remarquer les incompatibilités éventuelles entre telle et telle lecture de la réalité. Donner aux mineurs de telles opportunités est donc vraiment précieux, c'est même un devoir, et on peut même envisager qu'il s'agisse d'un droit : un droit des mineurs : le droit à la philosophie entendue comme droit à des opportunités pour se faire des idées hors de l'éducation scolaire, donc comme droit de *faire* de la philosophie[6]. Cela dit, il ne faut bien entendu pas oublier de tenir compte du danger que peut constituer un mauvais usage de ladite opportunité. Je reviendrai sur ce point lorsque je traiterai à nouveau de Socrate.

Le grand problème est donc d'éviter le risque que cette potentialité ne soit pas cultivée, le danger qu'une atrophie ne se développe aussi bien au cours de l'enfance que tout au long de l'âge adulte et durant la vieillesse. Il suit de là que le fait d'avoir des opportunités périodiques pour échanger, confronter, élaborer, et, à l'occasion, défendre des idées, est précieux à tout âge. Or c'est bien en cela que consiste la philosophie dans son exercice pratique, la philosophie entendue comme une recherche

6. Sur le sujet du droit à la philosophie voir le dossier « Forum : il 'diritto alla filosofia' » inclus dans *Amica Sofia*, 1-2, 2014, p. 24-35, *cf.* L. Candiotto, F. Gambetti (a cura di), *Il diritto alla filosofia. Quale filosofia per il terzo millennio ?*, « Filosofia del presente », Bologna, Diogene Multimedia, 2016.

fondamentale, qu'il convient de faire avant même de commencer à lire des livres de philosophie : la saisie d'une opportunité précieuse, qu'il ne serait pas outrecuidant d'envisager comme un droit, le droit de s'octroyer des occasions périodiques pour travailler sur ce que nous pensons.

Deuxième domaine : les adultes. Sur ce point il y a peu à ajouter. Comparé aux expériences de philosophie avec les enfants, les cafés philosophiques peuvent sembler être l'occasion d'échanges plus superficiels, compte tenu du nombre d'expériences que les adultes accumulent en moyenne au cours de plusieurs décennies, de la somme de registres dont nous, adultes, ne voulons pas entendre parler, de l'ensemble de limites que nous instaurons pour nous protéger et nous rassurer, ainsi que des diverses atrophies progressivement développées, qui aboutissent en fin de compte à des registres interdits *de facto*. Il n'en reste pas moins qu'il y a une puissante contrepartie : très souvent, les occasions pour que surgissent des idées dans un contexte qui ne soit pas conditionné par la compétition, le manque de confiance, le manque de temps, la trop grande différence de niveau entre les interlocuteurs ou par quoi que ce soit d'autre, font défaut. C'est pourquoi les opportunités qu'ouvrent les cafés philosophiques ne peuvent qu'être les bienvenues, d'autant plus que nombre de ces idées émergent lorsque l'on repense à ce qui a été dit à l'occasion de tel ou tel café philosophique. Pour nombre de personnes d'ailleurs c'est normalement le seul genre d'opportunités qu'elles aient pour des échanges ouverts. *Conclusion :* nous tous, qui sommes adultes, n'avons pas moins besoin de ces expériences que les mineurs.

Troisième domaine : la philosophie. Pendant des siècles, la philosophie a été dispensée dans des cours universitaires ou, à tout le moins, dans les lycées, et elle est demeurée foncièrement interdite à tous ceux qui n'avaient pas le privilège de pouvoir suivre des cours de philosophie. Mais suivre de tels cours a très souvent signifié étudier, acquérir des compétences, et pas nécessairement ni exactement faire de la philosophie en s'aidant d'Aristote ou de Descartes. La plupart des philosophes actuels ont vécu toute leur vie en suivant ces lignes directrices, ce qui, à mon avis, n'est pas un privilège parce qu'il s'agit là d'une approche trop professionnelle, et donc fort artificielle, de la philosophie, approche qui, de surcroît, a tendance à exclure les autres, ou à les déclasser au rang de simples lecteurs, auditeurs, spectateurs. Or, la philosophie que l'on *fait* avec les mineurs ou entre adultes se réclame à juste titre d'un degré d'authenticité supérieure, même si c'est au prix d'un taux de superficialité inévitable. Ainsi donc, après des milliers d'années, la philosophie commence enfin à ne plus être un domaine interdit à la grande majorité de la population. Un peu de démocratie s'est instauré, et la philosophie elle aussi a commencé à se démocratiser, quoique de façon tout à fait autonome, non programmée, un peu comme dans les années « Soixante-huit ».

Quelles seront les conséquences de tels changements dans le futur ? Il est probablement trop tôt pour le prévoir. Bien des professionnels de la philosophie donnent d'ailleurs l'impression de ne rien soupçonner de ce qui se passe ou pourra se passer. Reste que parmi les adolescents il y a désormais une minorité de jeunes non négligeable qui a commencé à faire de la philosophie à l'âge de huit ans, bien que cette expérience s'arrête souvent à la fin de l'école primaire. Il n'empêche, malgré cela, que l'on est désormais conscient de la valeur qu'ont ces expériences, en sorte qu'il n'est pas hors de propos d'imaginer que nous sommes en présence du début d'une réaction en chaîne, et même d'en imaginer la force.

Ajoutons encore un mot sur un aspect quelque peu problématique de cette question : le problème de l'argent. La philosophie qui « se fait » – qui souvent prend le nom de « nouvelles pratiques philosophiques » – est-elle compatible avec une contrepartie économique ? Est-il convenable de se faire payer pour aider les autres à faire de la philosophie ? Sur cette question, deux écoles de pensée se dessinent – et, comme on peut l'imaginer aisément, se divisent –, et la question reste pour l'instant ouverte.

Nous pouvons maintenant revenir à Socrate. Les conditions sont en effet désormais réunies pour pouvoir lui reconnaître (ou lui attribuer) le statut de fondateur de l'idée même de « philosophie-que-l'on-fait », et pour voir donc en lui un terme de comparaison incontournable pour toute expérience de « philosophie-que-l'on-fait », et donc en faire l'ancêtre de l'une des plus grandes nouveautés de notre époque. Et, de fait, l'attitude caractéristique qu'il avait de se départir des ritualités que comportait le rôle d'enseignant était à n'en pas douter une nouveauté à son époque même si par la suite (mais ce n'est plus le cas désormais) les conditions préalables manquèrent pour pouvoir apprécier un tel antécédent à sa juste valeur. Son aptitude à conduire des échanges importants, de préférence des tête-à-tête, dans des contextes tout-à-fait informels (à l'occasion d'une promenade, lors d'un repas, en prenant un verre, dans un gymnase, dans une file d'attente devant le bureau de l'*archon basileus* – comme nous le rappelions plus haut –, mais tout aussi bien en rendant visite à une hétaïre, en se rendant à l'atelier d'un sellier et même, comme l'on sait, en étant en prison), sans avoir par devers soi un sujet dont on sait au préalable comment il sera traité et qui plus est sans se faire payer[7], ce sont

7. Il est à noter que l'on peut trouver des traces d'un reproche d'hypocrisie à l'égard de ce trait de Socrate qui ne fait pas payer son enseignement. On peut consulter sur ce sujet un de mes articles, déjà ancien : L. Rossetti, « Il momento conviviale dell'eteria socratica e il suo significato pedagogico », *Ancient Society*, 7, 1976, p. 29-77 ; spécialement p. 48-64.

là des caractéristiques que les socratiques rapportent à de nombreuses reprises. Ces traits montrent bien qu'il s'agit là d'une nouveauté tout à fait extraordinaire et manifestement inspirée de l'idée qu'il faut se préoccuper de bien « lubrifier » ou de « huiler » comme l'on disait jadis tout entretien. Socrate a donc bien ouvert la voie à toute une génération de pédagogues. Voie suffisamment large en tout cas pour qu'on puisse conclure que la pratique socratique du dialogue – et d'un dialogue au cours duquel on élabore et réélabore bien des idées, ou même qu'on dépasse ces idées – mérite de redevenir sinon peut-être tout simplement de devenir enfin l'objet d'une étude soigneuse, d'une étude qui aille bien au-delà de quelques discours de circonstance.

À ce niveau de l'analyse, on pourrait dire que c'est là chose acceptable et qu'il ne s'agit somme toute que d'un oubli auquel il convient de remédier, ce que l'on peut faire sans problème. Mais voilà que, comme je disais au début, il y a fort peu, un savant brésilo-argentin, Walter Oman Kohan[8], a soulevé un problème de taille. En quoi consiste ce problème ?

Pour le résumer brièvement, dans les soi-disant dialogues aporétiques de Platon notamment, mais pas exclusivement, on découvre un Socrate très amical, qui s'intéresse à ses interlocuteurs et à leur idées, au point d'en arriver à établir avec eux une relation amicale et à les encourager à énoncer des affirmations hardies parfois, et parfois même compromettantes. Mais que se passe-t-il ensuite ? Il advient qu'à un moment donné, qui se révèle être le bon moment, Socrate soulève une perplexité – le plus souvent à partir d'un contre-exemple –, puis une autre et encore une autre, et ce faisant il commence à suivre et à développer ses propres idées et à réclamer de son interlocuteur qu'il soit disposé à lui répondre correctement, ce à quoi celui-ci ne parvient pas toujours. En sorte que, peu à peu, la cordialité des débuts s'évanouit, que Socrate durcit davantage ses positions, que l'espace apparemment ouvert aux idées de son interlocuteur se réduit comme peau de chagrin, que celui-ci ne se situe pas sur la même longueur d'onde, bref que les questions soulevées par Socrate se révèlent cacher des complexités insoupçonnées et que l'interlocuteur finit par se sentir perdu, ou en tout cas mal à l'aise, au point que souvent il recule et finit par « jeter l'éponge ».

8. Les premiers travaux de Walter Oman Kohan sur ces questions datent des années 2008-2009 ; *cf.* W.O. Kohan, « Sócrates : la paradoja de enseñar y aprender », *in* L. Rossetti, A. Stavru (ed.), *Socratica 2008. Studies in Ancient Socratic Literature*, « Le Rane – Collana di Studi e Testi », 54, Bari, Levante editori, 2010, p. 159-184 ; W.O. Kohan, *Socrate : Enseigner, ce paradoxe*, trad. fr. S. Vassallo, « Pédagogie : crises, mémoires, repères », Paris, L'Harmattan, 2013 [traduction française de : *Sócrates : el enigma de enseñar*, Buenos Aires, Biblios, 2009].

Une telle manière de conduire l'entretien (celle qui constitue la deuxième partie de l'échange) a quelque chose d'asphyxiant[9], ce qui revient à dire que le dialogue, ainsi conduit, n'est que fort peu *dialogique, n'est plus authentiquement dialogique* ou, à tout le moins, que se dessine une différence de taille entre l'attitude amicale du début de l'échange et les modalités passablement agressives dont je viens de parler. Le maître admirable semble se transformer en un maître peu soucieux d'égalité dans l'échange, un maître qui certes n'enseigne pas, mais qui enferme son interlocuteur dans une ou des difficultés que ce dernier n'est pas en mesure de surmonter, du moins pas immédiatement. Kohan observe finement que si Socrate procédait bien ainsi et qu'il conduisait ses entretiens de la sorte, il est bien difficile de l'ériger en modèle. Et comme le Socrate de la fin du dialogue coexiste normalement avec le Socrate du début, ne faut-il pas à tout le moins en conclure que ledit Socrate fut un Janus bifrons, aussi admirable qu'insupportable ?

Cette remarque de Kohan pour intéressante qu'elle soit prête le flanc à une objection, que je formule de la manière suivante : de ce que Socrate a eu le mérite de faire le premier pas vers une relation fluide visant l'égalité entre les interlocuteurs, faut-il nécessairement en conclure qu'il aurait dû d'emblée et immédiatement atteindre le sommet de toute relation d'égal à égal et être exempt de toute tentation autoritaire ? Peut-on exiger cela de lui ? Il a eu le mérite de poser les premiers jalons ; ce n'est pas rien ; c'est même déjà beaucoup. Le reste peut bien être la tâche qui nous revient, à nous qui vivons à une toute autre époque. Et ce d'autant que, s'il est assez facile de débuter par une formule excellente, il est tout aussi facile et peut-être davantage, de se perdre un peu, si ce n'est totalement, dans son application : qui ignore que demeurer strictement fidèle à ce que l'on dit est entreprise surhumaine ? Et Homère lui-même ne disait-il d'ailleurs pas que, si deux personnes se promènent, il est bien rare qu'elles marchent (vraiment) d'un même pas ? En d'autres termes, la relation *peut* atteindre un degré d'égalité, qui peut être plus ou moins haut, reste toujours à savoir quel niveau elle peut atteindre et quel est celui au-delà duquel elle ne peut aller.

C'est ainsi du moins qu'il en va généralement. Car, à notre époque du moins, une possibilité nouvelle – et de taille – s'est ouverte. Considérons en effet l'enseignant qui *s'intéresse* à ce que pensent et disent sur un certain sujet ses élèves, qui les *écoute* volontiers pendant un laps de temps

9. Il s'agit bien de quelque chose d'asphyxiant, j'y insiste, et non d'anesthésiant comme on l'a dit parfois. Voir sur ce point voir mon ouvrage : L. Rossetti, *Dialogue socratique*, « Encre marine », Paris, Les Belles Lettres, 2011, p. 241.

convenu, qui *s'abstient* soigneusement d'avancer certaines de ses idées personnelles, qui *se réjouit* de constater que le système de relations au sein de sa classe s'améliore, mais qui, dans le même temps, laisse coexister ces moments de haute dialogicité avec le travail scolaire ordinaire, *sans les mêler*. Une telle stratégie, qui n'est pas nécessairement liée à l'école primaire, est encore relativement rare, mais elle n'en est pas moins bien connue, elle est pratiquée de différentes manières ici et là, et surtout elle est à la hauteur de nos modèles de vie habituels. On peut donc, me semble-t-il, voir là non seulement une manière tout à fait honorable de s'identifier au modèle socratique (voire de le dépasser), mais encore une perspective pour notre avenir. Car, s'il nous arrive souvent, à nous qui sommes adultes, de constater, non sans regret, que face aux média nous demeurons très souvent, par définition spectateurs, et si, à l'école, la règle, qui est de se taire et d'écouter l'enseignant, d'apprendre et de montrer que l'on a appris, joue encore un rôle, cela signifie que le besoin est grand d'autres alternatives, par exemple d'occasions au cours desquelles l'enseignant n'est pas là pour gouverner la classe et évaluer chaque élève, mais également pour apporter son écoute, son attention, son regard. Et qui ne sait d'ailleurs qu'offrir des opportunités d'une écoute authentique a le merveilleux pouvoir de prévenir certaines formes d'inadaptation et de maladie mentale des jeunes tout simplement parce que c'est ainsi que l'on peut se sentir accueilli et non rejeté, c'est-à-dire non évalué (négativement), ni mis de côté ou, pire, soumis à des agressions plus ou moins dissimulées.

Il y a donc assurément, sous-jacentes à Socrate, nombre de ressources pour bien vivre, et il est fort réjouissant de constater que, dans notre société, à l'aube du troisième millénaire, ces choses sont même parfaitement connues. On a, en effet, l'impression que l'on retrouve un Socrate oublié et qu'on le retrouve sans trop de difficulté, en retrouvant en lui quelque chose qui, en quelque sorte, nous est déjà familier.

En même temps, le fait de pouvoir développer notre idée de dialogisme au-delà même de Socrate est un véritable point d'honneur pour une société et une époque troublée comme l'est la nôtre

Bibliographie

CALOGERO Guido, *Logo e dialogo. Saggio sullo spirito critico e sulla libertà di coscienza*, Milano, Edizione di Comunità, 1950.

CANDIOTTO Laura, GAMBETTI Francesco (a cura di), *Il diritto alla filosofia. Quale filosofia per il terzo millennio?* «Filosofia del presente», Bologna, Diogene Multimedia, 2016.

CARRUCOLA Graziella, NUTARELLI Anna Rita, PILINI Walter (a cura di), *La filosofia a/ha sei anni. L'enciclopedia filosofica dei bambini e delle bambine di prima elementare. Idee-ragionamenti sul mondo*, « Filosofia con i bambini », Perugia, Morlacchi, 2008.

FERRARO Giuseppe, *Filosofia in carcere. Incontri con i minori di Nisida*, « Sovraimpressioni », 14, Napoli, Filema, 2001.

KOHAN Walter Oman, « Sócrates : la paradoja de enseñar y aprender », *in* Livio Rossetti-Alessandro Stavru (ed.), *Socratica 2008. Studies in Ancient Socratic Literature*, « Le Rane. – Collana di Studi e Testi », 54, Bari, Levante editori, 2010, p. 159-184.

—, *Socrate : Enseigner, ce paradoxe*, traduit de l'espagnol (argentin) par Sara Vargas Vasallo et Elena Zayas, « Pédagogie : crises, mémoires, repères », Paris, L'Harmattan, 2013 [édition originale : *Sócrates : el enigma de enseñar*, Buenos Aires, Biblios, 2009].

LORENZONI Franco (a cura di), *Una verità, non sicura però...*, Giove, Amelia (Terni), Associazione Cenci Casa-Laboratorio editore, Serigrafia Else, 2013.

NAPODANO IANDOLI Mirella, *Socrate in classe : le buone pratiche della filosofia dialogica nella scuola*, « Filosofia con i bambini », 7, Perugia, Morlacchi, 2008.

NUTARELLI Anna Rita, PILINI Walter, *La filosofia è una cosa pensierosa. Diario di un'esperienza nella scuola primaria di Chiugiana*, « Filosofia con i bambini », Perugia, Morlacchi, 2005.

PAGANO Maurizio, *La filosofia del dialogo di Guido Calogero*, « Premio ricerca "Città di Firenze" », 14, Firenze, Firenze University Press/ Università degli Studi di Firenze, 2012.

PRESENTINI Adriana, *...O forse il tempo siamo noi. Storia di un percorso di pensiero : un gruppo di bambini e la loro maestra si raccontano*, « Filosofia con i bambini ». Perugia, Morlacchi, 2012.

ROSSETTI Livio, « Il momento conviviale dell'eteria socratica e il suo significato pedagogico », *Ancient Society*, 7, 1976, p. 29-77.

—, « Socrate, questo sconosciuto », *Peitho. Examina antiqua*, 1, 2010, p. 13-30.

—, *Le dialogue socratique*, « Encre marine », Paris, Les Belles Lettres, 2011.

—, « Quale filosofia con i bambini e i ragazzi ? », *Bollettino della Società Filosofica Italiana*, 205, 2012, p. 65-80.

—, « *Scuola per piccoli Socrate* », *Il Sole 24 ore*, 22 décembre 2014 (https :// www.academia.edu/8177317/Scuola_per_piccoli_Socrate_2013_).

Spadotto Dino, *I bambini che muovono i discorsi. Pratiche dialogiche nella scuola primaria*, «Nuovi quaderni del CRLE», Perugia, Morlacchi, 2013.

Site de *Socratica. Giornate di Studio sulla Letteratura socratica antica*: www.socratica.eu

Site de *Amica filosofia*: www.amicasofia.it

Site du festival de Modena: www.festivalfilosofia.it

LES « BÉNÉFICES » DU DIALOGUE SOCRATIQUE[1]

DRIES BOELE

La philosophie est une activité en plein développement. Les formes pratiques de la philosophie attirent de plus en plus l'attention et l'intérêt pour la consultation philosophique a déjà donné lieu à la tenue de plusieurs congrès internationaux[2]. Outre la consultation philosophique, il est une autre forme de pratique philosophique qui connaît un vif succès, surtout aux Pays-Bas: le dialogue socratique. Tandis que la consultation philosophique focalise principalement son attention sur les problèmes personnels, le dialogue socratique se pratique en groupe, entre des individus particuliers comme au sein des entreprises ou dans le cadre de la formation professionnelle[3]. Les sujets dont on traite sont des sujets

1. Cet article a fait l'objet d'une communication lors de la Third Conference of Practical Philosophy qui se tint à New York en juillet 1997. Je veux ici exprimer mes remerciements à Annemie Halsema, Hans Bolten et René Branton-Saran, pour les critiques qu'ils surent me faire et les éclaircissements qu'ils m'appportèrent lors de sa rédaction. Publié d'abord en anglais: « The Benefits of a Socratic Dialogue Or: Which Results Can We Promise ? », *Inquiry: Critical Thinking across the Disciplines*, 17-3, 1998, pp 48-77, cet article a également fait l'objet d'une traduction espagnole: « Los "beneficios" del diálogo socrático », *El Búho. Revista Electrónica de la Asociación Andaluza de Filosofía*, http://elbuho.aafi.es/buho9/index.html, Época II N° 9 (Julio 2011).

2. Depuis la publication de cet article plusieurs congrès internationaux se sont tenus, ainsi que d'autres congrès régionaux (qui, quoique embrassant plusieurs pays, n'ont pas eu une envergure mondiale avant l'International Conference on Philosophical Practice (ICPP) en 2012).

3. Des philosophes en toujours plus grand nombre mettent en pratique leurs compétences et leurs connaissances hors du champ traditionnel de la philosophie (l'école et l'université). Comme le fit Socrate à Athènes, ces philosophes vont sur la « place publique »

généraux, comme la responsabilité, la confiance mutuelle ou les valeurs, sujets qui sont de la plus haute importance pour la vie personnelle comme pour la vie professionnelle. Dans cet article j'explorerai ce phénomène relativement nouveau et j'analyserai les expériences des dialogues socratiques que j'ai eues ces six dernières années que ce soit en tant que participant ou en tant qu'animateur.

J'ai commencé à animer des dialogues socratiques sans aucune expérience, en tant que participant. Très rapidement, je découvris que conduire un dialogue socratique paraît beaucoup plus facile que cela ne l'est en réalité. Comme je ne comprenais pas très bien ce que je faisais, le succès ou l'échec relevaient trop du hasard. Aussi m'y repris-je, en reprenant tout depuis le début, mais, cette fois, comme participant. Par la suite j'ai étudié les fondements de la méthode socratique à Amsterdam en petit comité. Mon expérience en tant que participant permit que mon point de vue en tant qu'animateur fût plus sensible aux réactions des participants, aussi bien aux plus manifestes qu'aux plus subtiles. Cette expérience, associée à l'étude, me permit de comprendre les raisons qui fondent la structure d'un dialogue socratique et l'utilité de règles pour un tel dialogue. Cette connaissance me permet d'être capable, quand je suis dans la position d'animateur, d'adapter les procédures aux situations. J'espère que l'analyse à laquelle je procède dans cet article sera utile aux futurs participants comme aux futurs animateurs pour comprendre ce qui se passe dans un dialogue socratique.

Je ne partirai pas des théories de la méthode socratique qui sont déjà bien établies ; ce que j'aimerais faire dans cet article c'est plutôt examiner comment ces théories fonctionnent en pratique[4]. Mon point de départ sera donc la question qui revient le plus fréquemment dans la bouche des

et invitent les gens à effectuer une recherche philosophique dans leur milieu quotidien. Aux Pays-Bas, les philosophes praticiens pratiquent deux activités et parfois davantage : consultation philosophique, enseignement, dialogue socratique, consultant d'entreprise. Le dialogue socratique s'utilise fréquemment dans d'autres contextes, comme l'enseignement ou l'entreprise, mais en adaptant sa forme standard aux circonstances particulières qui caractérisent ces contextes.

4. Il faut de temps à autre réviser les méthodologies pour favoriser leur développement ultérieur et éviter qu'on ne fasse une fixation excessive sur la méthode, puisque, en fin de compte, celle-ci n'est qu'une manière de provoquer une expérience déterminée. La méthode socratique ne fait pas exception à cela. Et cette révision doit se faire en fonction de la pratique. Jusqu'à présent, les principales références sont Nelson, qui fonda la méthode socratique, et Heckmann, qui la développa. Leurs méthodologies continuent-elles d'être valides ? Dans cet article je me concentrerai principalement sur les résultats pratiques de ces méthodes, me convertissant en apprenti vis-à-vis ces expériences pour mieux comprendre ce qu'est le dialogue socratique. L'étape suivante pourrait être l'évaluation de ces méthodologies.

participants comme des clients : Quels sont les bénéfices d'un dialogue socratique ? À quoi servent ces dialogues ?

Les pages qui suivent résumeront les résultats obtenus à partir des évaluations auxquelles ont procédé les participants et de mes propres expériences à la fois en tant que participant et en tant qu'animateur. Cela permettra de donner quelques indications sur ce qu'il est permis d'espérer d'un dialogue socratique, même si ces indications ne peuvent avoir qu'une valeur limitée. Tout comme il est difficile d'expliquer à quelqu'un qui n'a jamais voyagé en avion ce qu'on éprouve dans un vol, de même il est nécessaire d'avoir déjà participé à un dialogue socratique pour savoir en quoi il consiste. La pratique philosophique requiert d'en faire l'expérience[5].

Je commencerai donc, en premier lieu, par tracer à grands traits le cadre du dialogue socratique : ce qu'il est et en quoi il consiste. Je commenterai ensuite certains de ses aspects et je les mettrai en relation avec les résultats tels que les participants les appréhendèrent. J'analyserai également, quoique brièvement, la conception de la philosophie qui sous-tend le dialogue socratique, laquelle diffère nettement de ce qui est traditionnellement entendu par philosophie. Enfin, en dernier lieu, j'analyserai le bénéfice du dialogue socratique, à savoir en quel sens il focalise l'attention sur ce qui fait que notre travail vaille la peine d'être fait, voire que notre vie elle-même vaille la peine d'être vécue, en examinant les valeurs et les idéaux auxquels on adhère. Dans la conclusion de cet article j'examinerai ces questions dans une perspective plus large pour montrer en quoi le dialogue socratique peut être considéré comme un outil pour développer un art de vivre.

QU'EST UN DIALOGUE SOCRATIQUE ?

Leonard Nelson (1822-1927) développa le dialogue socratique en Allemagne dans les années 1920[6]. Il s'inspira de Socrate et de Kant. Socrate nous a appris que les connaissances importantes pour notre vie nous ne les apprenons pas d'autres personnes, mais que nous avons bien plutôt déjà en nous cette connaissance et que nous en faisons l'expérience

5. Il est surprenant de voir combien de personnes affirment avoir des connaissances relatives à la pratique philosophique sans en avoir jamais eu aucune expérience Les exercices théoriques sans aucune pratique courent le risque, plus que connu dans l'histoire de la philosophie, de se convertir en critique de salon : savent-ils même de quoi ils parlent ?

6. Voir L. Nelson, *Vom Selbstvertrauen der Vernunft*, Hamburg, Meiner, 1975. Il existe plusieurs interprétations relatives à ce qui se passe dans un dialogue socratique. L'interprétation de Nelson est profondément néo-kantienne et diffère notablement de l'interprétation proposée dans cet article.

quotidiennement. Dans ses dialogues, il entendait éveiller chez les autres cette connaissance tacite, ce qu'il faisait en examinant leurs opinions et en remontant de ces opinions aux idées qui leur étaient sous-jacentes. Vingt siècles plus tard, Kant affirmait que l'humanité avait été durant des siècles enchaînée aux fers de la pensée autoritaire et que le moment était venu de nous prendre au sérieux en tant qu'être pensants. Ces deux penseurs stimulèrent donc l'autonomie de la pensée. Le dialogue socratique se propose d'enseigner à raisonner de manière pratique, non à partir de lectures sur des questions qui nous préoccupent, mais en réfléchissant sur ces questions avec d'autres. On met ainsi en pratique deux des devises de la philosophie : « Connais-toi toi-même » et « Aie le courage de te servir de ton propre entendement ».

Un dialogue socratique se déroule schématiquement de la manière suivante : il commence par une question posée en termes généraux. Cette question doit être une question philosophique, au sens où l'on peut y répondre par un raisonnement qui s'appuie sur l'expérience. C'est pourquoi il n'est pas recommandé de commencer par des questions empiriques – par exemple : quelle est la composition chimique d'un objet ? – dans la mesure où répondre à de telles questions ne peut se faire à l'aide du seul raisonnement et que des éléments externes sont nécessaires pour y répondre. Le type concret de question dépend des participants et du contexte. Lorsque l'inscription à un dialogue socratique est ouverte à tous (par exemple dans un centre culturel) [7], la question pourrait être : « quelles sont les limites de la tolérance ? », ou : « jusqu'où va ma responsabilité ? ». Quand le dialogue se tient au sein d'une organisation ou d'une entreprise, les questions sont adaptées à la situation de travail [8] et elles sont assez souvent reliées à des questions d'éthique professionnelle.

7. Aux Pays-Bas, nombreux sont ceux qui participent à des cours dans des centres culturels ou dans des centres d'éducation pour adultes durant leur temps libre, et ils le font non pas pour accroître leur rendement dans leur travail, mais parce qu'ils y trouvent un intérêt personnel. Les participants ne reçoivent d'ailleurs aucun certificat pour ces cours. Dans ces cours la philosophie est devenue un choix très répandu. Durant ces dix dernières années le dialogue socratique en est venu à occuper une place de plus en plus importante dans le curriculum proposé par un nombre chaque fois plus grand de ces centres.

8. À la différence de l'Allemagne où le dialogue socratique est utilisé exclusivement à des fins éducatives, aux Pays-Bas il est également utilisé à des fins commerciales, principalement en tant qu'outil servant à la réflexion sur l'éthique professionnelle et sur les décisions stratégiques. À cet égard, il faut souligner le travail pionnier de Jos Kessels, dont on trouve trace dans son article « The Socratic Dialogue as a Method of Organizational Learning », in W. van der Vlist (ed.), *Perspectives in Philosophical Practice* : The Proceedings of The Second International Congress on Philosophical Practice, Doorwerth, Dutch Society for Philosophy Practice, 1997, p. 45-59.

Par exemple, quand j'ai travaillé avec la police d'Amsterdam, la question fut : « Qu'est l'intégrité ? ». En psychiatrie, les infirmières parlèrent de questions telles que : « quelles sont les limites d'un comportement professionnel et quand le contact avec un patient se convertit-il en une relation personnelle ? ». Les inspecteurs d'une compagnie d'assurances eurent à traiter des conséquences d'une réorganisation : « À quel moment l'insécurité a-t-elle des effets positifs ? »[9].

Quand la question initiale a été décidée, un des participants choisit un exemple tiré de sa propre expérience d'une situation dans laquelle le problème en question s'est posé. La recherche n'est pas conduite en termes abstraits, elle doit au contraire revêtir un aspect concret. L'expérience est appropriée lorsque tous les participants considèrent que l'exemple considéré est un bon exemple au regard de la question initiale et lorsque tous les participants peuvent se mettre à la place de la personne concernée. Chaque participant doit donc être capable de s'imaginer dans cette situation. Au fur et à mesure que la séance se déroule, l'exemple sera analysé en vue de trouver une réponse à la question initiale.

Qu'il me soit permis de donner un exemple précis d'un dialogue qui se déroula il y a déjà quelque temps. La question initiale était : « Qu'est-ce que la liberté ? », et ce qui fut choisi comme point de départ fut l'événement suivant :

> Dans sa jeunesse, une des participantes avait la permission de lire un peu avant de s'endormir. Une nuit, alors qu'elle avait quatorze ans, elle avait entre ses mains un livre très intéressant et elle lut plus longtemps qu'elle n'en avait la permission. Soudain, elle entendit ses parents qui montaient les escaliers pour aller se coucher ; leurs pas vont dans sa direction. Elle eut la tentation de fermer le livre le plus vite possible, d'éteindre la lumière et de faire semblant de dormir. Mais elle décida de ne pas le faire et de continuer à lire. Son père ouvrit la porte, passa la tête par l'entrebâillement de la porte et dit : « C'est si intéressant ? », et il referma la porte.

Tous les participants ont alors le sentiment que quelque chose d'important se jouait là quant à la question de la liberté. La discussion qui suivit

9. On peut donner d'autres exemples. J'ai travaillé avec des détenus qui formulèrent ainsi la question initiale ; « Jusqu'où puis-je aller dans l'usage de ma liberté ? ». Des informaticiens, quant à eux, demandèrent ; « Qu'est l'information ? ». Et des fonctionnaires civils proposèrent : « Quels sont les devoirs du gouvernement local vis-à-vis des immigrants ? ». Des banquiers se posèrent comme question : « Quelle est la responsabilité sociale d'une banque ? ». Si on ne tient pas compte du contexte ni de la question initiale, la différence la plus importante entre un dialogue socratique avec des individus privés et avec des professionnels est le temps. Dans le premier cas, le dialogue socratique requiert environ quinze heures (un week end, par exemple, ou quelques soirées) ; dans un cadre professionnel, on dispose seulement de quatre heures, même s'il est parfois possible d'en avoir six ou huit.

se proposa d'examiner ce qu'il en était de ce sentiment commun. Pour ce faire, il était donc bien nécessaire que tout le monde puisse se mettre à la place de la jeune fille. Les participants posèrent alors d'autres questions relatives aux circonstances, aux motivations, etc., de sorte que l'exemple de départ en vint à servir de cadre commun de référence [10].

L'étape suivante se focalise sur le « cœur » de l'exemple, sur ce qui est pertinent pour la recherche. En effet, toute l'information dont nous avons besoin pour nous forger une idée de la situation n'est pas indispensable pour examiner la question initiale. Ladite question fonctionne en effet comme un aimant qui attire et extraie les aspects les plus pertinents de l'histoire. Le résultat de cette étape est l'« énoncé principal ». Il s'énonce en termes factuels et peut prendre la forme suivante : « Dans cet exemple la liberté intervient à tel ou tel endroit » ou : « La liberté dans cet exemple est... ». L'énoncé principal est la première évaluation de l'exemple ; il met en évidence la raison pour laquelle l'événement rapporté a été choisi correctement comme exemple pour la question initiale.

Quand les participants ont formulé l'énoncé principal, la question suivante est : « Pourquoi ? Quelles raisons ont-ils d'affirmer cela ? En quoi ce cas est-il un cas de liberté ? ». Apparemment, le groupe a dans l'esprit un concept de la liberté qui se reflète dans la formulation de l'énoncé principal. L'étape suivante consiste alors à faire en sorte que ce concept présupposé implicite devienne explicite en termes de conditions, de critères et de règles (« si l'on est en présence de telles conditions, alors nous sommes en présence d'un exemple de liberté »). On pourrait dire que ce qui est recherché ce sont les prémisses à partir desquelles on peut obtenir comme conclusion l'énoncé principal [11].

Tout cela paraît très simple, mais dans la pratique cela l'est beaucoup moins, et bien souvent les participants ne se mettent pas immédiatement d'accord sur l'énoncé principal parce que le concept implicite de la liberté qu'ils ont dans l'esprit n'est pas le même pour tous [12]. Ce désaccord ne

10. La tentation de définir cette phase du dialogue socratique comme « psychologique » est grande. Bien que les niveaux puissent se superposer – la recherche porte, somme toute, sur une expérience humaine – l'approche est néanmoins tout à fait différente. Dans le cadre d'une recherche psychologique, nous expliquerions un événement ou une manière de se comporter en recourant aux antécédents de l'individu pour apporter une réponse. Dans le dialogue socratique on ne cherche pas ce type d'explication, on cherche les conceptions qui peuvent servir de guide pour l'évaluation d'une situation. Et pour le faire correctement, il est nécessaire de connaître la manière dont cette situation fut vécue.

11. De manière schématique on pourrait dire que nous travaillons avec un syllogisme inversé : nous commençons par une conclusion intuitive et provisoire – l'énoncé principal – et nous cherchons une mineure et une majeure qui confirment cette conclusion.

12. Dans certains cas, par exemple quand l'exemple est problématique (quand il n'est pas encore tout à fait clair que l'expérience soit appropriée) il pourrait être productif de

comporte pas des désavantages, bien au contraire, et il sera même très utile pour l'analyse ultérieure [13]. En effet, de cette manière on peut analyser le concept de liberté que chacun a dans l'esprit en le mettant en rapport avec l'exemple choisi et mettre ainsi ledit concept à l'épreuve inter-subjectivement. La recherche se développe alors sur un plan plus général et ne se limite pas à l'événement choisi comme exemple ; elle peut concerner d'autres exemples reliés à l'exemple initial [14]. Après tout, les critères et les autres présupposés sont, par définition, toujours formulés de manière générale.

Cette manière de procéder est appelée « abstraction régressive » : à partir de la question initiale nous choisissons un exemple concret, nous nous immergeons en lui, puis nous revenons au concept qui lui est sous-jacent pour tenter de l'analyser [15]. Au terme de l'analyse, cela conduit à la formulation d'énoncés en termes généraux qui répondent à la question initiale ; ces énoncés sont « abstraits » de l'exemple concret [16].

combiner les deux étapes (formuler l'énoncé principal et la question « pourquoi ? ») en posant la question de la manière suivante : « cet exemple est-il un exemple de liberté et pourquoi l'est-il ? ». Les réponses des participants à cette question mettront en évidence qu'ils ont des opinions nettement différentes, et cela peut conduire à un désaccord très fructueux.

13. Avoir ou donner une opinion implique que l'on ait un critère. Dire par exemple que quelque chose est beau présuppose un certain concept de ce qu'est la beauté. Il se peut que nous ne soyons pas capables de formuler directement ce concept, il n'en reste pas moins que nous l'utilisons intuitivement. L'objectif du dialogue socratique est d'expliciter ce qui dans ce concept est encore implicite. Qu'il y ait des opinions différentes n'implique pas automatiquement qu'elles correspondent à des concepts différents, elles peuvent tout aussi bien être des manifestations d'aspects différents d'un même concept, aspects qui ne s'excluent pas l'un l'autre.

14. Nelson pensait que si on analysait *un* exemple on pourrait parvenir à des critères qui engloberaient *tous* les exemples, en l'occurrence tous les exemples de liberté. Je crois, pour ma part, que ce que nous trouverons très probablement ce sont des critères relatifs *à tous les exemples considérés*. Il est en effet loin d'être sûr que le terme principal de la question ne soit pas ambigu. À mon sens, c'est là l'un des avantages de la méthode socratique, nommément : éviter les malentendus qui naissent lorqu'on s'en tient à des discussions abstraites au cours desquelles on considère qu'un concept – par exemple celui de liberté – est quelque chose de substantiel qui transcende toutes les circonstances particulières. Il est possible d'éviter ce malentendu grâce à l'analyse d'exemples concrets.

15. Comprendre une situation concrète est similaire à une fleur qui s'épanouit : c'est un tout complexe et différencié. Analyser une situation n'est pas forcément une démarche dans laquelle les étapes se suivent l'une l'autre logiquement. Les différentes étapes ne montrent qu'elles sont interconnectées que lorsqu'on parvient à avoir devant les yeux le portrait complet. Et nous n'obtenons ce portrait qu'à la fin. Comme dans une mosaïque, à ce moment, tous les éléments se donnent à voir dans une synthèse. Pour les participants cette manière de procéder peut être perturbante parce qu'ils ne voient pas où cela peut les amener.

16. Pour comprendre le processus de l'abstraction, on peut recourir à une comparaison simple : on peut qualifier les différents énoncés de « bleus », « jaunes » « verts », etc. L'étape suivante consistera à découvrir que nous sommes en train de parler de « couleurs ».

Il ne reste plus en fin de compte qu'à confirmer les résultats de cette « abstraction régressive » en prenant des exemples similaires qui permettent de vérifier la validité de ces résultats. Quand, malgré cela, les formulations auxquelles on parvient sont encore trop spécifiques, une étape supplémentaire est nécessaire. Dans la pratique, il est rare que l'on parvienne jusqu'à cette dernière phase. Un dialogue socratique est un processus qui implique une pensée lente et soigneuse : on a besoin de beaucoup de temps.

L'image du sablier est une assez bonne image pour rendre compte des différentes phases du dialogue socratique. Au départ le sablier est plein d'un côté (avec une question initiale) et à la fin il est également plein, mais de l'autre côté (avec les critères et les autres présupposés), et au milieu on trouve l'énoncé principal qui porte sur la partie la plus significative de l'exemple. Dans la plupart des dialogues socratiques on peut reconnaître cette structure en sablier. Néanmoins, il ne s'agit là que d'un modèle, il n'est donc pas étonnant qu'il puisse y avoir des déviations.

Dans le dialogue socratique, ce qui est important c'est le cheminement : nous voulons aller quelque part et l'autoroute qui y mène n'est pas nécessairement le meilleur chemin. Le bon chemin passe par des routes secondaires et il peut arriver que l'on se retrouve dans une impasse. Ces détours sont inévitables, ainsi en est-il par exemple quand on s'aperçoit qu'il faut chercher un aspect particulièrement intéressant ou quand les participants rencontrent des difficultés pour se mettre à la place d'autrui. Il est essentiel de faire en sorte que ces difficultés soient productives ; ce qui peut être très enrichissant pour la recherche. Les différences d'opinion peuvent en effet être une clé pour une compréhension plus profonde. Et lorsque nous considérons que ces difficultés ne sont qu'un retard ennuyeux du processus, c'est tout simplement que ce que nous attendons d'un dialogue socratique n'est pas en adéquation avec ce qu'il est.

Règles et vertus socratiques

J'ai décrit la structure de base d'un dialogue socratique en me servant du modèle du sablier. Mais outre cette strucure, le dialogue socratique présente deux autres caratéristiques : d'une part, les règles relatives à la nature du dialogue ; d'autre part, les règles relatives à l'attitude des participants[17].

« Couleur » se situe à un niveau d'abstraction plus élevé que « bleu », etc. Commencer l'analyse au niveau d'abstraction de la « couleur », implique que nous négligions des nuances qui sont importantes pour une compréhension claire de ce dont on parle.

17. Je laisse de côté les questions techniques, comme le rôle de l'animateur, l'utilisation

Ces deux caractéristiques peuvent être considérées comme des règles de conduite. Elles permettent de conduire le dialogue de telle sorte qu'il ait les caractéristiques d'un dialogue socratique Les « règles pour le dialogue » sont destinées à incliner les participants à un certain type de réflexion, par exemple à s'efforcer de parvenir à un consensus [18]. Les règles en question reflètent ce qui est en jeu : trouver une réponse à la question initiale à partir d'expériences analysées au moyen d'un pensée originale qui tient compte des opinions et des doutes de chaque participant.

Il y a aussi des incitations relatives à l'attitude qui est attendue des participants. On peut décrire cette catégorie comme les « vertus » du dialogue socratique, ainsi de celles qui consistent à renvoyer à plus tard ses jugements ou à confier ses doutes [19]. Une vertu n'est pas un fait, mais quelque chose à quoi on s'efforce de parvenir. Par la pratique d'une vertu nous nous mettons dans la disposition de faire quelque chose que nous considérons comme important et qui requiert une certaine attitude. Quand nous pratiquons l'écoute et que nous nous exerçons à la patience, par exemple, il nous est plus facile de comprendre autrui. Les vertus socratiques favorisent le développement d'une attitude propre à la recherche. Elles ne sont pas seulement utiles pour le dialogue lui-même, mais également pour d'autres situations.

La différence entre les règles pour le dialogue et les vertus socratiques n'est pas énorme. Il n'en reste pas moins qu'elles fonctionnent de manière différente dans le dialogue : on en appelle aux règles principalement quand on s'intéresse à ce que disent les participants ; en revanche les « vertus socratiques », quant à elles, concernent la manière dont les participants participent au dialogue.

de chevalets conférence pour noter les énoncés importants sur des feuillets mobiles et la question de la distinction entre les différents niveaux de dialogue : le dialoque « réel » (qui s'occupe du thème, le dialogue stratégique (où l'on discute des directions à prendre pour la suite de l'enquête) et le méta-dialogue (qui concerne les problèmes qui rendent difficile que les participants poursuivent le dialogue « réel » au regard de la méthode socratique ou de la dynamique du groupe, ainsi des manifestations d'irritation, etc.)

18. Formulées sommairement, ces règles se réduisent à cinq, qui sont les suivantes : (1) use de ta propre expérience et pense par toi-même (évite de faire appel à l'argument d'autorité) ; (2) ne parle pas par hypothèses ; (3) essaie de parvenir à un consensus ; (4) exprime tes doutes ; (5) tente de chercher collectivement (il ne s'agit pas d'un débat dans lequel il ya un vainqueur et un vaincu).

19. Les vertus qui se pratiquent dans un dialogue socratique sont : la persévérance, la patience, l'écoute, la capacité d'exprimer ses intuitions, de confier ses doutes, de parler avec franchise, de remettre à plus tard son jugement et d'être disposé à réviser ses opinions.

Apprentissage socratique

En général, les participants ne mentionent pas dans leurs évaluations finales que le résultat le plus important du dialogue a été la réponse finale à la question initiale. La plupart du temps le résultat n'est pas très surprenant ; en général il ne s'agit pas de quelque chose dont nous aimerions discuter de long en large avec nos amis. Ce qui, en revanche, est une nouveauté, c'est la démarche par laquelle on parvient à ce résultat, c'est-à-dire la manière de conduire la recherche grâce à laquelle une réponse devient possible. Cette réponse se développe lentement en incluant dans chaque étape l'étape précédente. Ce qui est présupposé se transforme ainsi en arguments.

L'exemple le plus patent est celui d'un dialogue portant sur un problème mathématique[20]. À la différence d'un dialogue portant sur un problème moral, dans un dialogue mathématique on connaît déjà la réponse. Les participants connaissent donc déjà intuitivement la réponse depuis le début. La question devient donc : « Comment démontrer une réponse intuitive ? Comment apporter des arguments en sa faveur ? ». Ces questions marquent les étapes du chemin emprunté par le dialogue socratique. Très souvent, les participants ne sont pas habitués à cette manière de procéder et ils s'obstinent à trouver la réponse. Mais nombre de participants réussissent à tirer profit du procédé utilisé durant le dialogue. Cette démarche exige de nous que nous modifions nos attentes pour les rendre adéquates et que nous surmontions notre impatience. On peut comparer une telle attitude tournée vers un but avec celle des personnes intéréssées par les résultats d'un événement sportif sans pour autant souhaiter aller le voir. Dans un dialogue socratique en revanche nous voulons jouer le match entièrement. Le résultat final n'est pas très important, ce qui importe c'est de participer au jeu. Réfléchir devient par là en elle-même un processus passionant.

Parfois les participants demandent : « Quelle est la validité de la réponse que nous avons trouvée ? ». Je dirais que la réponse ne vaut que pour le groupe qui la formule, non pas que le résultat obtenu soit limité ou arbitraire (d'autres personnes pourraient y souscrire), mais parce c'est ce groupe-là et non un autre qui est et s'est impliqué dans la démarche qui

20. Les questions les plus populaires des dialogues socratiques portent habituellement sur des questions éthiques. En second lieu viennent les questions épistémologiques (par exemple : « Quand donc sais-je quelque chose avec certitude ? »). Il est même parfois des gens suffisamment intéressés pour traiter de problèmes mathématiques. Je me souviens d'avoir participé une fois à un dialogue qui portait sur la question des plans symétriques, question à première vue simple et peut-être même ennuyeuse, qui se révéla en fin de compte être un exercice de raisonnement logique tout à fait passionnant.

l'a conduit jusqu'à cette réponse. Le processus d'investigation transforme la recherche en une expérience philosophique dans laquelle le sujet traité revêt une importance concrète. Il ne servirait de rien d'écrire une « bible » socratique contenant tous les résultats des dialogues socratiques sur les problèmes moraux les plus importants. Ce serait manquer complètement l'objectif du dialogue socratique. L'important n'est donc pas la réponse finale, mais le cheminement que nous parcourons ensemble et par lequel nous y parvenons.

Les participants veulent très fréquemment commencer par une définition. Pour des raisons méthodologiques, il vaut mieux éviter cela. Par exemple, quand la question est : « Qu'est-ce que la qualité ? », nous ne commençons pas par définir ce qu'est la qualité ; bien au contraire, ce n'est qu'à la fin qu'avec un peu de chance nous parviendrons à une définition de ce qu'est la qualité. Commencer par une définition est comme commencer avec une boîte vide. On ne sait pas encore clairement ce que celle-ci va contenir. En outre, chaque tentative de définition va inévitablement déboucher sur des opinions différentes ou sur des malentendus, puisque les mots utilisés le seront dans un sens abstrait. L'abstraction en effet ne repose pas en elle-même sur des bases fermes ; il est de sa nature de n'être pas indépendante. Une abstraction est toujours fossilisée ; elle dépend et dérive toujours de quelque chose de concret : l'expérience. Pour éviter ce type de malentendus il vaut donc mieux commencer par un exemple concret.

On peut souvent court-circuiter les malentendus *in abstracto* en les rapportant à une expérience particulière. Que cela puisse se produire, c'est ce que je trouve toujours extraordinaire. Si on prend pour point de départ l'expérience, il est aisé de constater que des personnes qui ont des conceptions différentes du monde sont parfaitement capables de mener une recherche en commun de manière tout à fait productive. En revanche, une discussion qui se situe au seul plan des idées engendre immédiatement des opinions différentes. Les expériences dressent un pont entre des positions qui, à première vue du moins, semblent incompatibles[21].

21. Cela met en question le dogme de l'épistémologie moderne selon lequel toute expérience est chargée de théorie. (Sur ce point, on répète à l'envi et de manière non réfléchie la théorie kantienne de la connaissance en en donnant une version relativiste). Évidemment, l'interprétation joue un rôle dans la manière donc nous faisons l'expérience de quelque chose ; ce qui ne signifie pas que l'interprétation soit constitutive de l'expérience ou que cette dernière puisse se définir exclusivement et totalement par l'interprétation. Après tout, l'intelligence humaine est capable de comprendre des interprétations différentes. Mais cela n'est possible qu'à partir de l'expérience et c'est pourquoi l'expérience doit en quelque façon échapper au champ de l'interprétation.

Différences d'opinion

Bien des fois les participants font l'expérience du dialogue socratique comme d'un stimulus pour réviser leurs opinions ou pour élargir le champ de leur vision des choses. Cela peut se produire après avoir découvert que même sur des événements simples d'autres personnes peuvent avoir des interprétations différentes des nôtres (« je croyais que je voyais les choses comme toute le monde, mais… »). Lorsque nous nous apercevons qu'une opinion commune peut être remise en question et que celle-ci ne paraît plus être indubitable, nous avons fait un pas (nécessaire) pour pouvoir philosopher. Cet effet se produit parce que le dialogue n'est pas un échange libre d'opinions ni ne relève d'aucun type de compromis. Une des règles du dialogue socratique est que nous devons nous efforcer de parvenir à un consensus. Et cela contraint les participants à faire très attention à ce qui est dit et à vérifier s'il peut y avoir accord.

En réalité il n'est pas toujours facile d'obtenir que les participants s'engagent dans ce type de recherche. Lorsqu'il est évident que les opinions diffèrent, les participants réagissent d'ordinaire de manière relativiste (ce qui est devenu un trait dominant de notre culture) : « chacun a le droit d'avoir son opinion, donc, qu'est-ce que ça peut faire ? ». Le relativisme peut facilement dégénérer en paresse mentale ou dans une sorte de tolérance indifférente. Dans un dialogue socratique, en revanche, il s'agit au contraire de persévérer et d'analyser ces différences entre les opinions pour faire en sorte que le désaccord soit frutueux. On ne peut en effet parvenir à un véritable accord que si on accepte le désaccord. Que peut bien signifier que quelqu'un ait une opinion différente de la mienne ? Quelles sont les raisons qu'il a d'avoir cette opinion ? S'agit-il réellement d'opinions différentes, ou bien ne s'agit-il que de manières différentes de les exprimer ? L'autre n'expose-t-il pas simplement un autre aspect de l'expérience, aspect qui ne s'oppose pas à ce qui a été dit précédemment ? En étudiant les différences qui existent entre des opinions diverses, c'est la valeur même de nos propres opinions qui en vient à être mise en lumière.

En effet, fréquemment, une opinion présente un caractère de préjugé (il s'agit d'une opinion qui s'est forgée dans un autre contexte). Bien qu'il soit impossible de participer à un dialogue sans préjugé aucun (tout simplement parce que nous ne pouvons pas nous défaire de nos expériences antérieures), ce que l'on peut néanmoins nous demander est que nous ne portions pas des jugements aveugles et que nous ne formulions pas des jugements prématurés. Nous devons mettre en question nos préjugés en les examinant dans le dialogue. C'est seulement de cette manière qu'il sera possible de savoir ce qu'ils valent. Analyser ces préjugés permet d'approfondir la compréhension de leur valeur. Il s'ensuit que l'on doit être disposé à réviser ses opinions, et cette disposition est une vertu socratique très importante.

Sens de la vérité et auto-examen

Pour éviter que l'effort fourni pour atteindre un consensus n'aboutisse à une solution de compromis, il existe une règle qui invite les participants à exprimer leurs doutes. Quand bien même presque tout le groupe serait parvenu à un accord sur un certain point et qu'il n'y ait qu'un seul participant qui soit encore mal à l'aise, gêne qu'il exprime par un : « d'accord, mais... », on lui permettra d'exposer ses doutes. Ce n'est pas là une question de sportivité (« permets-lui, à lui aussi, d'avoir son mot à dire »), mais quelque chose qui touche au cœur même de la méthode socratique. Après tout, l'objectif du dialogue socratique est de mettre en pratique un raisonnement autonome. Or, réfléchir cela ne se peut que si on commence par douter, rien n'est jamais évident (qui ne doute jamais ne fait que répéter ce que les autres disent). Il est donc de la plus haute importance que les participants comptent sur leur « sens de la vérité ». Il est difficile de dire précisément en quoi consiste ce sens de la vérité, même si nous avons tous en nous ce sens de la vérité. C'est ce sens qui nous permet d'être d'accord avec une certaine ligne de pensée ou qui nous incite à la remettre en question. Dans un dialogue socratique on engage tout un chacun à prendre appui sur son propre sens de la vérité et sur ses propres doutes. Le consensus ne sera atteint que lorsque plus personne n'aura de doutes sur l'énoncé sur lequel portait la discussion.

Souvent, les particpants font des commentaires lorsqu'ils découvrent qu'il est possible de penser en commun. Nous ne sommes pas habitués à procéder de cette manière. La plupart des conversations sont des échanges informels d'opinions ou se transforment en un débat duquel l'un des protagonistes veut sortir vainqueur. Le dialogue socratique offre l'opportunité d'avoir un point commun central et de mener l'enquête collectivement. Le fait de raisonner est détaché de toutes les péoccupations liées à l'ego. Penser en commun avec d'autres signifie que les différents points de vue peuvent être complémentaires les uns des autres (au lieu de s'opposer entre eux). C'est comme quand un certain nombre de personnes se trouve autour d'un édifice ; pour avoir une compréhension élargie de l'édifice, il est plus fructueux de faire en sorte que les divers points de vue se complétent les uns des autres que de discuter sur la question de savoir lequel de ces points de vue est le meilleur.

Penser collectivement signifie également que des changements d'opinion peuvent se produire, chose qui, dans un débat, serait quasiment impossible sans perdre la face. On perçoit souvent cette atmosphère d'ouverture et d'exploration comme un soulagement. Une des conséquences d'un dialogue socratique que j'ai animé sur la question : « Quelles conditions favorisent la confiance mutuelle ? », fut que les participants ne craignirent pas de perdre et ne manifestèrent pas une volonté déterminée de gagner. Il est assez significatif que ces caractéristiques soient également celles d'un dialogue socratique.

Dans un dialogue socratique les participants apprennent à communiquer entre eux d'une manière différente. Ils apprennent à écouter, à être sensibles aux arguments des autres, à tenir compte des points de vue différents, à être réfléchis, à prendre le temps d'analyser un problème difficile (et à ne pas essayer de chercher des solutions immédiates). Très souvent avoir une telle attitude conduit à un résultat convaincant en lui-même, notamment dans les entreprises et les organismes où la communication en termes de compréhension est généralement un point faible. Les vertus socratiques y sont donc alors l'exercice le plus important.

Outre la recherche collective, il est également nécessaire que chaque participant procède à un auto-examen. Ce qui rend le dialogue socratique attractif est précisément la combinaison de ces deux facteurs, l'un impliquant l'autre. Dans un débat nous n'allons pas au-delà de la production d'une défense de ce que nous savons déjà. Dans une recherche collective, nous sommes obligés de nous demander sans cesse, et spécialement quand nous essayons de parvenir à un consensus ; « Qu'est-ce que je pense de cet énoncé ? ». Et nous parvenons à répondre à cette question en mobilisant et en examinant nos expériences et nos opinions

L'EXPÉRIENCE : RECONNAISSANCE ET PIERRE DE TOUCHE

Les participants mentionnent également que l'un des effets du dialogue est la reconnaissance des expériences. La reconnaissance est particulièrement appréciée dans les dialogues conduits avec des personnes qui ont des expériences de travail comparables. Dans un contexte professionnel, il est rare que les expériences soient discutées à fond ; le plus fréquemment elles sont abordées de manière superficielle, unilatérale et inconditionnelle. Dans un dialogue socratique, en revanche, les expériences de travail relatives à des questions qui concernent tout le monde (par exemple, l'intégrité, la responsabilité ou le professionnalisme) peuvent être analysées soigneusement. La reconnaissance des expériences se produit dans les dialogues socratiques grâce à une comparaison des exemples entre eux. On n'y parle pas seulement de l'exemple choisi initialement, même si celui-ci est bien le point de départ et qu'il fournit le matériel le plus important pour la recherche. D'autres exemples peuvent également être mentionnés, pour les comparer à l'exemple initial, par exemple, ou pour provoquer l'empathie ou pour élucider un problème que comportait l'exemple choisi. Le cas échéant, nous devons revenir à nos propres expériences, pour nous mettre dans la situation de l'exemple choisi[22]. La plupart du temps les autres exemples demeurent implicites et ne sont pas exprimés. Il n'en reste pas moins que parfois il peut aussi être très utile de les rendre explicites. On renforce par là la reconnaissance de ce qui, dans l'expérience, est comparable.

L'expérience personnelle est donc bien le matériel avec lequel nous travaillons (et c'est bien qu'il en soit ainsi parce que la grande majorité des gens aime parler de ses propres expériences). Dans le dialogue socratique cette expérience personnelle devient un matériel particulièrement précieux pour la recherche philosophique. Le thème du dialogue socratique peut donc être décrit comme une manière de « remémoration » des expériences afin d'apprendre à partir d'elles (il s'agit de quelque chose d'analogue à l'anamnèse platonicienne). Le dialogue socratique nous aide à apprendre d'une manière structurée à partir de l'expérience.

L'importance de l'expérience est patente dans l'usage d'exemples concrets. Le caractère concret et singulier d'une expérience se transforme en pierre de touche pour la recherche de réponses générales, puisque lorsque nous pensons en termes généraux il nous arrive souvent de négliger les aspects particuliers d'une situation. Or, un énoncé général doit également valoir pour une situation particulière. À quoi pourrait donc bien servir un tel énoncé s'il ne rend pas compte des aspects vitaux des situations sur lesquels il devrait être en mesure d'affirmer quelque chose ? C'est pourquoi les expériences particulières sont si importantes dans les dialogues socratiques. Elles servent de pierre de touche. De la même manière qu'une table oppose une résistance à ma main, de la même manière une expérience opposera une résistance aux interprétations spéculatives et aux fantaisies démesurées[23].

22. Dans d'autres approches du dialogue socratique, différentes de celles que je défends ici, les animateurs veulent que l'on ne discute que d'un exemple, celui qui a été choisi au départ, arguant qu'on n'a besoin que de ce seul exemple pour obtenir la réponse. Mais, quand bien même la recherche ne porterait que sur un seul exemple, il n'en reste pas moins que d'autres exemples entrent en jeu, ne serait-ce que ceux auxquels les autres participants se réfèrent implicitement dans leurs auto-examens.

23. Quelle raison y aurait-il de ne pas utiliser un exemple fictif ? La plupart des histoires ne sont-elles pas construites à partir de l'expérience ? Le caractère spécifique d'un exemple réel, par rapport à un exemple fictif, tient à ce qu'il fait partie de la vie. L'événement est

L'importance de l'expérience est le fondement même de la règle qui conseille de ne pas parler de manière hypothétique (c'est-à-dire d'éviter le plus possible les phrases qui commencent par « si... » ou par « supposons que... »). Les participants doivent s'appuyer sur leurs propres expériences. Penser à des situations arbitraires peut être utile dans d'autres types de discussions, comme par exemple dans des séances de *brainstorming*. Toutefois, si notre recherche porte sur nos propres expériences, se référer à des situations imaginaires n'a aucun sens parce que nous ne pouvons les mettre à l'épreuve.

Argumentation et pensée critique

Certaines personnes participent à un dialogue socratique en vue d'améliorer leurs compétences argumentatives. Elles apprennent à analyser soigneusement leurs expériences, à formuler leurs arguments et à les mettre à l'épreuve d'une analyse critique. Pour ces personnes, il s'agit d'un exercice de pensée critique. Si nous voulons que d'autres personnes comprennent clairement notre point de vue, il ne suffit pas d'énoncer quelque chose. Des explications supplémentaires sont nécessaires, que ce soit sous une forme descriptive ou avec des arguments. Dans un dialogue socratique ces deux formes d'explication sont importantes. Ce que l'on demande aux participants est d'exprimer concrètement leurs points de vue, de les mettre en relation avec l'exemple choisi et d'apporter des arguments en faveur de leurs affirmations. L'objectif final est d'expliciter les valeurs et les principes implicites qui sous-tendent un point de vue donné (par exemple lorsqu'on soutient qu'un exemple est adéquat pour mener à bien l'analyse de la question initiale).

Dans nos conversations quotidiennes, les sentiments jouent un rôle très important et très souvent nous « pensons » émotionellement : par exemple, nous pensons que quelque chose est « joli », « ennuyeux », « absurde », etc. ; ce faisant, nous exprimons un état d'âme, ce qui n'est

littéralement en liaison avec d'autres personnes et d'autres circonstances, avec le « cours des choses », ce qui englobe bien plus que la personne concernée. Le problème qui résulte de ce que quelqu'un invente un exemple vient de ce que bien souvent l'histoire complète possède une logique interne dont le critère est le personnage principal, et qui se déroule dans des circonstances adaptées au sujet. Même si l'on peut se percevoir soi-même comme le sujet d'un événement réel, l'événement lui-même fait partie d'un « réseau » inter-connecté plus ample. Ce « faire partie de » se voit très souvent à nombre de détails qu'il serait quasi impossible d'imaginer. Ces détails révèlent le caractère englobant de la vie. Si on met l'accent sur l'importance du dialogue socratique comme étant un moyen pour développer un art de vivre – comme je le fais – le fait de se focaliser sur une expérience réelle possède une qualité supplémentaire ; cela nous rend sensibles à la richesse de la vie elle-même et fait de l'apprentissage par l'expérience un acte de sagesse.

pas encore un dialogue. Parler ne devient dialoguer que lorsque nous acceptons de nous écouter les uns les autres pour essayer de comprendre ce que l'autre personne essaie de dire. C'est alors que les arguments jouent un rôle important. Je ne veux pas dire par là que nous devons éviter les énoncés émotionnels. La plupart des réflexions reposent sur et sont conduites par des sentiments. L'art du dialogue consiste à franchir une étape supplémentaire et à expliciter ce qu'on a véritablement voulu dire. Ce qui au départ se donnait à voir dans une sorte de brume deviendra peu à peu une silhouette claire et bien circonscrite[24].

L'esprit citique est important dans le dialogue socratique en un autre sens encore, nommément dans le processus de vérification inter-subjectif. L'investigation ne se limite pas à ce que pense une personne. Les points de vue des autres participants sont des points de vue critiques (au sens de « discernement »). Ainsi, nous n'aurons pas l'occasion d'en rester à une vue étroite puisque nous sommes confrontés aux points de vue et aux doutes des autres. Grâce à la réflexion des autres notre réflexion personnelle peut-être s'affine. Cela ne se produit que parce que nous tentons de parvenir à un consensus – règle qui est celle qui rencontre le plus de résistance, même si par la suite elle est celle que l'on défend avec le plus de véhémence –, raison pour laquelle il est nécessaire de vérifier très soigneusement si nous sommes d'accord ou non avec ce que disent les autres.

Pour développer la pensée critique des participants, la méthode socratique soutient fermement qu'il faut penser par soi-même et ne pas en appeler à l'argument d'autorité. Tout ce qui a été appris des autres (qu'il s'agisse de personnes, de livres, de documents, etc.) est de notre responsabilité. Se référer à l'argumentation de quelqu'un d'autre et en faire un substitut de notre propre réflexion est sans excuse.

Parvenir au consensus : une clé de la méthode socratique.

Le dernier résultat que je veux mentionner est le consensus. Parfois les participants s'étonnent, dans leurs évaluations postérieures à l'expérience,

24. Émotion et raison sont souvent opposées à tort, comme si elles s'excluaient l'une l'autre. On peut évidemment les concevoir comme opposées, notamment quand le raisonnement perd tout contact avec le vécu. Mais ce n'est pas nécessairement le cas. Nombre de nos réflexions naissent de ce que nous sentons : la difficulté est de faire en sorte que réflexions et sentiments restent en contact. Le raisonnement doit nécessairement se sentir, en particulier dans la philosophie pratique, parce que nous avons affaire à des situations concrètes de la vie réelle. Il est crucial de demeurer durant tout le processus d'un dialogue socratique en contact avec la dimension concrète de l'événement sur lequel porte notre recherche. Très souvent, si les participants se détournent du sujet ou s'ils n'y trouvent plus aucun intérêt, c'est parce qu'ils ont perdu ce contact.

que l'on puisse parvenir à un consensus effectif au sein d'un groupe de personnes totalement hétérogène. Je partage cet étonnement. J'ai très longtemps pensé que dans ces groupes, les gens étaient si différents quant à leurs styles de vie et à leurs manières de penser qu'il me semblait quasiment impossible de parvenir à un consensus qui ne relève pas du compromis. C'est le contraire qui eût été normal. Assurément la chose n'est pas aisée et il faut fréquemment surmonter nombre de difficultés, il est malgré tout possible de parvenir à un consensus. C'est là un aspect crucial de la méthode socratique. La réponse à la question de savoir comment un consensus est possible a des conséquences sur les étapes suivantes et sur la manière d'animer un dialogue socratique. C'est pourquoi je vais maintenant proposer quelques réflexions sur cette question.

Même si la possiblité de parvenir à un consensus peut nous surprendre, nous devrions peut-être être encore plus surpris par la possibilité que nous avons de nous comprendre les uns les autres. Comment est-il possible que nous puissions penser que nous comprenons ce que veut dire quelqu'un dans une conversation alors que nous ne la connaissons pas très bien ? Et je n'entends pas « comprendre » au sens de « reconnaître les paroles que quelqu'un prononce », mais bien avec la signification de « compréhension », c'est-à-dire comprendre ce que quelque chose signifie pour une personne dans son rapport à des questions relevant d'un intérêt pour la vie, comme, par exemple, élever ses enfants ou assumer des responsabilités. Nous pensons que nous comprenons quelqu'un même lorsque nous ne sommes pas d'accord avec lui. Comment est-ce possible ? Ma thèse est que, pour qu'il y ait compréhension mutuelle, une certaine reconnaissance est nécessaire, et cette reconnaissance renvoie à l'expérience. En d'autres termes, nous ne pouvons – en tant qu'individus avec des vies dont les histoires sont différentes – essayer de nous comprendre mutuellement que pour autant que nous en appelions à l'expérience.

Pour mieux expliquer cette thèse, je prendrai un premier exemple. Un voisin vous raconte son voyage à son retour de vacances. Vous n'êtes évidemment jamais allé dans les lieux où il est allé. À moins que ledit voisin n'emploie des mots qui vous sont inconnus, vous pouvez comprendre ce qu'il dit. Mais pouvez-vous comprendre aussi ses sentiments au sujet de son voyage de vacances ? Supposons qu'il raconte son voyage en style télégraphique (d'abord je suis allé à tel endroit, puis à tel autre et ensuite nous fîmes ceci et cela etc.), vous l'écouterez comme s'il s'agissait d'un parfait inconnu. Et il en ira de même avec les photos de vacances qu'il vous montrera sans fournir aucun commentaire. Ces photos ne signifient rien pour vous. La seule chose reconnaissable dans ces photos est votre voisin lui-même. L'histoire devient encore plus intéressante si le voisin en question se met à décrire l'atmosphère et les circonstances de son voyage. Assurément, avec un peu d'empathie vous pourrez vous mettre à sa place, dans la mesure où une telle situation ne vous est pas complètement étrangère. Et lorsqu'il en viendra à décrire ce qui est arrivé entre les personnes qui participaient au voyage, il ne vous sera pas difficile d'imaginer ce qui s'est passé, ne serait-ce que parce que vous avez probablement connu des expériences similaires, quand bien même elles auraient eu lieu dans d'autres circonstances. Cet exemple montre bien qu'il est nécessaire de recourir à sa propre expérience pour reconnaîte l'expérience de quelqu'un d'autre. La compréhension mutuelle ne peut avoir lieu que par le biais de la reconnaissance de l'expérience de quelqu'un d'autre[25]. Nous sommes capables de ne pas tenir compte des différences spécifiques et des détails (où, quand, comment, avec qui, telle chose est arrivée) et de reconnaître l'histoire de quelqu'un d'autre à partir de ce qui, dans notre propre expérience, peut lui être comparable.

Ce qui est beau dans un dialogue socratique est qu'il procède avec ce présupposé relatif à la compréhension en tant que telle : ce qui est comparable dans les expériences. La signification de l'expression « ce qui est comparable dans les expériences » est difficile à comprendre. Se peut-il qu'il existe quelque chose comme une « constante anthropologique » qui permette de relier struturellement nos expériences les unes aux autres ? Est-ce notre nature physique qui fait que nos expériences ont des impacts similaires ? (puisque toute expérience se donne aussi comme corporelle : elle est sensible). Mettons-nous en action en chacun de nous des « programmes mentaux » similaires ? (Après tout nous réagissons face à un même monde). Quelle que soit la cause, il y a bien quelque chose qui nous est commun lorsque nous affirmons que nous nous comprenons les uns les autres, même si nous ne l'exprimons pas dans les mêmes termes, même si nous avons un concept différent de ce quelque chose que nous avons en commun et même si nous le relions à des choses qui relèvent de notre champ de référence spécifique[26]. Par exemple, lorsque quelqu'un a

25. Évidemment, la compréhension ne dépend pas seulement de ce que l'on dit, elle dépend également de l'attitude de l'auditeur : « est-on disposé à comprendre ce que l'autre dit ? ». Il en va dans ce cas comme dans le cas de la différence entre entendre des paroles (se contenter d'entendre ce que quelqu'un dit, ce que peut tout aussi bien faire un ordinateur) et comprendre ce que l'autre veut dire.

26. Ce qui est comparable dans les expériences transcende les limites de la culture et du langage, mais cela n'exclut pas pour autant que notre culture ou le milieu linguistique dans lequel nous baignons ne puissent déterminer la manière dont nous apprenons à employer des mots et dont nous leur associons des idées (les différences qui existent entre les expressions et celles qui existent également entre les idées qui leur sont associées nous montrent bien qu'il en va ainsi). Ces déterminations peuvent être caractéristiques d'une

une entreprise dont il s'occupe avec passion, il est possible de comprendre cette passion – même si on n'a pas soi-même une entreprise – quand on reconnaît cette passion dans un autre type d'activité que l'on pratique soi-même à titre de passe-temps. En se fondant sur le fait qu'il y a bien quelque chose de comparable dans les expériences faites par ces deux personnes, on peut en conclure que toutes deux peuvent tirer profit de l'analyse de la question: « Quand donc une activité a-t-elle un sens ? ». Ce que nous reconnaissons chez l'autre, ce qui, dans nos expériences, est comparable, tel est le sujet d'investigation d'un dialogue socratique[27]. Nous avons certes besoin d'une terminologie abstraite et imprécise (ainsi de « confiance », « liberté », « amour ») pour désigner le type d'expérience dont nous parlons, mais si nous prenons un exemple, cet exemple permettra de donner une forme concrète à ces termes abstraits. Nous essayons de comprendre et d'expliciter ce que nous reconnaissons lorsque nous ressentons que nous reconnaissons quelque chose au moment où l'exemple est raconté.

Que le fondement de la compréhension mutuelle se trouve dans les éléments de notre expérience qui fait que nos expériences sont comparables

culture, mais pour ce qui est de la possibilité de se comprendre mutuellement, elles sont secondaires. L'intelligence nous permet de passer outre les différences culturelles. L'« ordre symbolique » n'est pas tout ; l'expérience le transcende. Il serait très intéressant de faire un dialogue socratique avec des gens dont l'arrière-fond culturel serait très différent pour vérifier si l'idée selon laquelle « ce qui est comparable dans les expériences » est un concept valide, pour savoir quelle transcendance comporte cette notion. (L'importance très limitée accordée à l'interprétation ne réduit-elle pas la signification du « tournant linguistique », particulièrement dans la philosophie française). Nier que l'on puisse comparer les expériences revient à nier qu'il soit possible de lire des auteurs d'une autre culture que la nôtre : Platon, les poètes chinois, etc. Comprendre ces auteurs n'est guère facile, mais ce n'est pas plus difficile que de comprendre d'autres personnes de sa propre culture, et la démarche n'est guère différente. Il se peut que les différences soient plus grandes, mais il n'en reste pas moins qu'il existe quelque chose qui est comparable, ce qui est indispensable pour que nous puissions comprendre.

27. Ce sujet de recherche est caractéristique du dialogue socratique en tant que pratique philosophique et c'est ce qui fait qu'il diffère d'autres formes de communication qui se donnent pour objectif l'information ou l'instruction. (Comprendre les instructions pour le fonctionnement d'un appareil par exemple implique un effort tout à fait différent de l'effort que requiert le fait de comprendre les motivations ou les actions d'une personne). La philosophie partage avec la littérature la question relative à « ce qui est comparable dans les expériences ». L'écrivain, lui aussi, essaie de comprendre le sujet sur lequel il est en train d'écrire. Mais, à la différence du dialogue socratique, la stratégie de l'écrivain consiste à décrire plutôt qu'à conceptualiser des situations significatives bien plus que ne le fait le dialogue socratique. Dans les descriptions qu'il fait, l'écrivain donne une forme concrète à « ce qui est comparable dans les expériences », à la manière dont le voisin mentionné plus haut le faisait quand il racontait ses vacances ; s'il ne réussit pas à matérialiser cette idée, son histoire ne réussira pas à captiver son lecteur.

est quelque chose que j'ai fini par comprendre clairement à l'occasion d'un dialogue socratique assez peu habituel que j'ai animé avec un groupe de personnes âgées qui se connaissaient très bien entre elles. De manière un peu frivole et comme pour s'amuser, le groupe formula la question suivante : « Qu'est-ce que la haine ? ». L'exemple choisi fut particulièrement pénible : un des participants avait appris que son frère avait commis un inceste avec ses deux filles pendant de nombreuses années. Au moment du dialogue socratique, lesdites filles étaient de véritables épaves. Le participant en question haïssait son frère en raison de ce qu'il leur avait fait. Tout le monde comprit pourquoi il haïssait son frère. Aussitôt l'atmosphère du groupe prit une tournure négative. Nous dûmes changer de sujet pour pouvoir continuer le dialogue. Nous décidâmes alors d'examiner l'exemple à partir d'un autre point de vue : « Quand donc est-il possible de pardonner ? ». Pour la grande majorité des participants, cette histoire était si horrible qu'ils dirent ; « il est impossible de pardonner à un tel individu ». De manière tout à fait surprenante, une des participantes dit qu'elle avait des doutes à ce sujet. Cette femme avait elle-même été victime d'un inceste. Et pendant près de vingt ans, elle avait été incapable de se retrouver face à son père. Au cours de ce long laps de temps, la douleur avait en quelque sorte et pour ainsi dire presque totalement disparu, mais elle ne pouvait pas pour autant lui pardonner, et cela dura jusqu'à ce qu'un jour elle vit son fils de dix-huit ans sortir de la salle de bain complètement nu. À sa grande surprise elle se sentit sexuellement attirée par lui. C'est alors qu'elle se rendit compte des sentiments que son père avait pu éprouver à son propre égard au moment de l'inceste. Certes, sa réaction fut différente de celle de son père au regard de son impulsion, mais elle fut bien obligée de reconnaître qu'il y avait quelque chose dans son expérience qui pouvait être comparé à l'expérience de son père. Du coup, l'homme qu'elle avait haï pendant tant d'années redevint soudainement un être humain. Le fait d'avoir pu reconnaître quelque chose de comparable lui permit de pardonner à son père et même si, disait-elle, ce pardon n'enlevait rien à la culpabilité de son père, et même si sa souffrance n'avait pas pour autant totalement disparu, du moins grâce à ce pardon un lourd fardeau avait cessé de peser sur ses épaules.

Cette histoire modifia de fond en comble le cours de la recherche. Les préjugés émotionnels (« il est impossible de pardonner de tels actes ») durent faire place à une approche plus équilibrée, et un auto-examen hardi allant au-delà des limites de l'indignation morale fut nécessaire : « y a-t-il des indices en nous-mêmes, y a-t-il quelque chose de commun, qui puisse être comparé avec ce que ce scélérat avait fait ? ». Les autres participants durent bon gré mal gré convenir que juger un tel acte comme inhumain était une conclusion trop facile, et que ce serait faire comme si un tel acte leur était totalement étranger tout autant que leur seraient étrangères les impulsions qui le provoquèrent. Pour comprendre que la participante ait été capable de pardonner, il avait été nécessaire de vaincre les préjugés émotionnels. Nous lui fûmes reconnaissants de son courage et de sa sagesse, qui, en nous permettant d'opérer les distinctions nécessaires, nous permirent d'accepter les aspects d'une situation que nous pouvions reconnaître. Et finalement nous nous mîmes d'accord sur la formulation d'un certain nombre de conditions nécessaires au pardon.

Ce dialogue prit ainsi une tournure totalement inattendue. D'une part nous changeâmes la question initiale, chose peu fréquente, et nous portâmes une attention toute particulière au second exemple présenté, et présenter un second exemple est chose tout aussi peu habituelle. D'autre part, nous acceptâmes de courir un grand risque, dans la mesure où l'exemple choisi était en un sens trop émotionnel, alors que, bien évidemment, un dialogue socratique n'est pas une psychothérapie. Il est évident que courir ce risque ne fut possible que parce que les participants de ce groupe se connaissaient très bien. Le jeu, en définitive, en valut la chandelle. Même ceux qui, au départ, rejetaient le pardon parce qu'ils le voyaient comme une notion dépourvue de sens, en vinrent, grâce au second exemple à reconnaître l'importance que cette notion pouvait avoir. Le sujet de la discussion cessa ainsi d'être l'inceste commis par le frère et devint cette femme qui nous avait exposé la manière dont elle en était venue à être capable de pardonner. Ce dialogue socratique est particulièrement intéressant parce qu'il montre clairement que pour pouvoir comprendre une situation il est nécessaire qu'il y ait quelque chose dans notre expérience à laquelle nous puissions la comparer. Pour démêler une situation compliquée et délicate, les participants durent penser à des situations dans lesquelles ils avaient pu faire une expérience similaire. Et dans ce cas précis ils y réussirent.

J'en viens maintenant à l'essence du dialogue socratique, que je définirais de la manière suivante : chercher une présupposition commune et la rendre explicite. Lorque nous choisissons un exemple en rapport avec la question initiale, nous supposons tous que cet exemple contient une réponse à cette question. Deux choses sont dès lors importantes : la première, que ce point est une présupposition (et que nous devons encore analyser l'exemple pour découvrir ce qu'il veut exactement dire) et la seconde que cette présupposition nous est commune. Dès lors, on peut dire qu'un dialogue socratique n'est pas seulement un effort pour *penser collectivement*, mais aussi un effort pour penser *ce que nous avons en commun*[28]. L'exemple que nous venons de mentionner montre bien qu'il n'est pas toujours facile d'avoir quelque commerce avec ce que nous avons en commun, en raison notamment du fait que ce qui est en question dans le dialogue est toujours partie intégrante de situations biographiques différentes d'un participant à l'autre, chacun ayant sa propre sensibilité. Mais la recherche de cette dimension est ce qui fait du dialogue socratique une aventure particulièrement intéressante.

Cet effort qui consiste à penser ce que nous avons en commun conduit au résultat le plus important du dialogue socratique. En nous efforçant d'atteindre un consensus, nous réussissons à discerner ce que nous avons en commun et nous en prenons conscience. Il s'agit de ces vertus, de ces valeurs et de ces idéaux qui font que la vie vaut la peine d'être vécue. Ainsi en est-il de la liberté, de l'amitié et de la confiance réciproque. Il est probable que, dans notre vie quotidienne, nous agissons tous différemment au regard de ces valeurs et de ces idéaux ; il est probable que leurs conséquences sont également différentes en fonction de nos biographies respectives, mais en un sens ces valeurs et ces idéaux sont en quelque façon des conceptions qui orientent la vie quotidienne de chacun d'entre nous. Dans un dialogue socratique, ces conceptions n'impliquent pas un simple changement sans importance au cours de la conversation, elles entrent réellement en jeu dans la discussion comme autant d'éléments d'une importance vitale[29].

28. La seule preuve dont nous disposions pour établir l'existence de choses spirituelles, telle « la liberté » ou « la loyauté », est de réussir à rendre manifeste et à expliciter ce que nous avons en commun (autrement dit à rendre manifeste et à expliciter ce qui, dans notre expérience, est comparable), parce que ces notions ne sont pas sujettes à démonstation et ne peuvent être appréhendées qu'à travers nos expériences. En ce sens, le dialogue socratique peut être utilisé au titre d'expérience philosophique (au sens scientifique de la notion d'expérience s'entend). En les soumettant à vérification de l'expérience nous pouvons mettre à l'épreuve la validité des idées et des théories philosophiques.

29. Je conserve un vif souvenir d'un dialogue socratique que j'ai animé sur la tolérance. Au départ, la « tolérance » n'était rien d'autre que l'un de ces termes que nous utilisons dans le langage quotidien, presque un cliché. Cependant, tout au long de la discussion il en vint à se transformer en vertu, et même en une vertu de la plus haute importance, en raison principalement d'une expérience personnelle très intéressante qui fut choisie comme exemple. L'exemple portait sur une amitié soumise à une pression très forte. Pendant trois ans, un ami très proche de l'un des participants, se prit d'un très fort fanatisme religieux, ce qui testait sa tolérance à l'extrême. Les participants défendirent des opinions très divergentes sur ce qui était tolérable et sur ce qui ne l'était pas. Pour comprendre ce que signifiait le mot « tolérance » dans cet exemple spécifique, une longue discussion fut nécessaire. Tous les participants n'affichèrent pas un comportement similaire à celui que rapportait l'exemple, mais du moins une possibilité aparut qui se révéla être un défi pour nous tous.

L'exemple, dans un dialogue socratique, n'est pas seulement du matériel d'investigation que nous aurions à examiner, c'est aussi une manière de revitaliser le sujet de la discussion. Bien que l'exemple auquel je me réfère remonte à bien des années, et bien que je ne me souvienne pas des conclusions auxquelles était parvenu ce dialogue, en revanche, je me

Provoquer cette expérience est l'une des caractéristiques les plus typiques du dialogue socratique. Il s'agit de faire en sorte qu'une question d'importance pour notre vie prenne une forme réellement concrète. Cette actualisation peut être réalisée par différents moyens : par la desciption d'un exemple, par l'empathie (qui nous permet de nous mettre dans la peau de celui qui fournit l'exemple), par l'argumentation (qui permet de clarifier l'importance du sujet qui est traité)[30].

La thèse selon laquelle la compréhension ne se produit qu'au moyen de l'expérience a des conséquences notables sur ma manière d'animer les dialogues socratiques. D'après mon expérience, il est d'une importance capitale que nous puissions nous imaginer dans la situation décrite par l'exemple. Si les participants n'y parviennent pas, on n'a aucune base de départ pour une compréhension mutuelle et la recherche d'un consensus qui ne soit pas un compromis est vouée à l'échec. Nous nous trouverions dans une situation dans laquelle, faute d'avoir quelque chose de comparable dans l'expérience, il n'y aurait rien à explorer. C'est pourquoi j'insiste sur la nécessité de l'empathie, notamment dans le choix et l'exposition de l'exemple. S'il n'y a rien dans notre expérience qui soit susceptible de lui être comparé, il n'y aura ni compréhension réciproque ni consensus.

Philosophie socratique : la sagesse qui s'apprend à partir de l'expérience

Nous avons présenté jusqu'ici un nombre de résultats conséquent. En les présentant et en les discutant, je les ai mis en relation avec les caractéristiques d'un dialogue socratique, à savoir avec la structure et les règles du dialogue et avec les vertus socratiques. Grâce à cette mise en relation, j'ai pu montrer leur pertinence et leur efficacité. Ces trois caractéristiques sont constitutives du dialogue socratique. Suivre le cours de l'action et respecter les règles et les incitations est ce qui rend possible le déroulement d'un dialogue socratique. De même que les règles du jeu sont constitutives de ce jeu qu'est le football (et que ce sont elles qui distinguent

souviens encore très bien de l'exemple en question. Le souvenir de l'exemple peut servir à raviver l'importance du sujet traité et à poser la question à nouveaux frais.

30. Pour adapter le dialogue socratique à des situations plus spécifiques (par exemple, dans le cadre d'une entreprise où nous ne disposons pas de beaucoup de temps), il est crucial de se poser la question de savoir s'il y a raisonnablement quelque chance de mener à bien l'expérience philosophique sous la forme d'un dialogue socratique. Quand les participants, par manque de temps, rencontrent des difficultés pour rendre vivant le sujet dont ils traitent, je pense que, dans ce cas, il faut prendre garde à la manière dont on use du dialogue socratique, en effet, dans ce cas, il pourrait être à même de ne pas produire l'effet escompté qui est l'effet le plus important et de se transformer facilement en un outil de plus pour résoudre les problèmes qui peuvent se poser, ce qui n'est pas le but d'un dialogue socratique.

ce jeu des autres jeux), de même, pour le dialogue socratique, les règles sont constitutives de ce jeu. En effet, le dialogue socratique est un jeu qui ressemble à d'autres jeux, à d'autres formes de philosopher.

Un dialogue socratique est un « jeu » dont l'intention et l'objectif sont très clairs. Ceux qui veulent y participer doivent accepter les règles de ce jeu. Il arrive parfois que les participants ne soient pas d'accord avec certaines règles (par exemple, ils veulent proposer certains exemples hypothétiques ou commenter les théories de certains auteurs). Il n'est toutefois pas possible de satisfaire de telles demandes, à moins que le groupe ne soit disposé à entamer un autre type de dialogue : ce serait comme jouer au football et demander qu'on utilise les mains ; dans ce cas, il s'agirait d'un jeu différent. Philosopher à partir de l'expérience est en général quelque chose de nouveau pour bien des participants. Pour certains, le dialogue socratique est la seule forme sensée de penser (et écouter une conférence qui présente la pensée des grands philosophes ne les intéresse pas) ; nombreux sont ceux qui font l'expérience d'un dialogue socratique comme étant quelque chose d'enrichissant ; et les quelques rares qui considèrent que la philosophie est une réflexion de type général dans laquelle la discussion sur les grands penseurs joue un rôle important, apprécient moins le dialogue socratique.

Il devrait être clair que philosopher à partir de l'expérience n'est pas la conception courante que l'on a de la philosophie (académique). En tant que philosophes praticiens nous devons souvent nous justifier au sujet de notre activité. Nous sommes confrontés à des questions comme : « Quelle est la conception de la philosophie qui sous-tend le dialogue socratique ? ». Une telle question prend souvent comme point de référence la pratique académique de la philosophie. Dans cette perspective, le dialogue socratique est habituellement conçu comme un « extrait » de ce que font les grands penseurs. On suppose qu'il s'agit d'une « application », et que le véritable travail se déroule ailleurs. Ces formulations présupposent une conception de la philosophie totalement étrangère au dialogue socratique. Le dialogue socratique n'est pas une sorte de philosophie « exégétique » qui se développe à partir des textes classiques, où penser par soi-même serait quelque chose de secondaire, et où l'expérience personnelle n'aurait quasiment pas d'importance. Le dialogue socratique a d'autres priorités : on y accepte que l'examen des expériences personnelles soit considéré comme méritant d'être pris en considération et que ces expériences soient considérées une source très riche pour la connaissance. Tout un chacun est capable de réfléchir sur les questions qui intéressent sa vie ; il est capable de le faire à partir de sa propre expérience et d'apprendre au cours du processus lui-même. En d'autres termes, dans le dialogue socratique, on invite les participants à avoir confiance en leur propre rationalité et dans la valeur de leur bagage personnel en tant que personnes qui pensent et qui ont des expériences. On considère donc que les participants sont experts dans le champ de l'expérience[31].

Le dialogue socratique implique aussi une autre conception du rôle du philosophe. La tâche du philosophe n'est plus de créer des modèles conceptuels à l'intention d'autrui, mais d'animer la réflexion de personnes autonomes[32]. On a une bonne illustration de cette tâche dans les situations dans lesquelles on examine des questions d'éthique professionnelle. Dans de telles situations on n'embauche pas un philosophe pour qu'il enseigne des règles du comportement, puisque la plupart du temps tout le monde les connaît. Obéir aux règles n'est cependant pas suffisant, parce que la réalité a plus de poids que la théorie[33]. C'est ce qui est manifeste dans

31. Nous nous trouvons ici aussi confrontés aux limites du dialogue socratique: nous ne pouvons chercher que ce qui se trouve dans le domaine de l'expérience des participants. Les problèmes qui se situent au niveau d'un système (comme la législation, la politique ou les structures sociales) sont des problèmes qui surgissent aussi dans la pratique quotidienne. Le travail, par exemple, peut être considéré de diverses manières: d'un côté, on peut l'envisager comme une fonction exercée au sein d'un organisme structuré, et, dans ce cas, nous le rattachons à une position légale, avec des échelles de salaire, des statistiques, etc.; mais, d'un autre côté, le travail est l'activité d'une personne et il se caractérise par le fait d'avoir une signification, un sens et des valeurs. Dans le dialogue socratique, ce que nous cherchons est la signification que le travail représente pour telle personne concernée. et pour l'éthique de sa profession. L'objectif visé peut être par exemple une réorientation des valeurs, des vertus et des idéaux de son travail.

32. Cette nouvelle situation, fortement exaltée depuis le Siècle des Lumières, continue de paraître un peu étrange aux yeux de certains philosophes. Il en est qui aiment se voir comme des autorités morales investies d'une fonction indispensable pour la formation des jugements. Et il est à supposer que ces jugements reposent sur quelque chose dont les philosophes se proclament experts. Mais si tout un chacun peut apprendre de l'expérience et se former par soi-même un jugement équilibré, alors les philosophes perdent leur rôle de substituts d'autorités morales. En d'autres termes, le philosophe, en tant qu'individu privé, devient un individu parmi d'autres: il n'est qu'un participant de plus. Mon expérience de formateur d'animateurs socratiques m'a appris que les philosophes de profession présentent souvent le dialogue socratique comme quelque chose pour des «profanes», comme si on avait à faire à des patients qui ont besoin de quelque chose dont, eux, philosophes de profession, n'ont plus besoin. Mais la pratique philosophique n'est pas quelque chose pour des «patients» et l'animateur n'est pas non plus quelqu'un qui sait tout. La pratique philosophique doit être une pratique pour les philosophes aussi. Je me réjouis, pour ma part, de ne pas être exclusivement un animateur, mais, parfois, un participant également. Et cette situation de participant me permet d'apprendre beaucoup pour ma propre vie. Aussi n'y a-t-il pas lieu de s'étonner que certaines personnes participent plusieurs fois à des dialogues socratiques. Il en est même qui assistent à un dialogue socratique presque tous les ans.

33. Les règles, en raison de leur caractère général, ne peuvent rendre compte de la complexité de la vie. Attendre tout des règles est comme élaguer un arbre jusqu'à ce qu'il soit possible de le mesurer avec une règle droite; il va de soi que, dans ce cas, de nombreuses branches seront perdues. Connaître les règles nous apporte une grande connaissance, non

des situations très diverses: par exemple, dans ces zones grises où l'on n'a pas une vue très claire de ce qu'il faut faire ou quand des collègues de travail ont des opinions différentes (je pense par exemple à des officiers de police qui essaient de comprendre ce qu'est l'intégrité). Il y a aussi d'autres facteurs qui compliquent la situation: la loyauté, l'intérêt personnel, les inclinations affectives, etc. C'est à cause de cette absence de clarté quant à la manière dont nous devons agir qu'il est important de s'interroger sur les conséquences d'une action ou d'une décision et sur les valeurs qui sont en jeu. Ce faisant, la capacité personnelle de discernement s'aiguise si bien que l'on peut réagir face à de nouvelles situations d'une manière plus adéquate. Ce développement de l'acuité du discernement se produit quand on met en relation la connaissance (des règles, par exemple) et l'expérience, et, surtout, quand on renforce la confiance que l'on a dans sa propre expérience personnelle et dans la capacité de penser par soi-même. La tâche du philosophe est d'apporter son soutien à ce processus.

Le dialogue socratique nous donne l'opportunité de mettre en pratique la philosophie comme « amour de la sagesse ». La différence entre la connaissance et la sagesse tient en ce que la sagesse s'apprend à partir de l'expérience; elle est une connaissance acquise et elle se révèle dans les actes que chacun fait. La sagesse est impossible sans que l'on s'appuie sur son expérience[34]. Si on peut considérer la philosophie comme un effort pour faire en sorte que nous nous sentions à l'aise dans la vie, alors le dialogue socratique cherche à comprendre ce qui est nécessaire à cela, non dans la construction d'un ordre métaphysique qui embrasse tout et dans lequel l'être humain a une tâche qui lui est assignée (comme dans le système hégélien), mais dans l'interrogation des expériences qui nous permettent d'aguiser notre pouvoir de discernement et qui nous aident à vivre véritablement dans le présent[35]. C'est en ce sens qu'il est important

pas tant sur les règles que bien plutôt sur la complexité de la vie: les règles nous permettent d'améliorer notre faculté de discernement.

34. En vue de quoi philosophons-nous ? Je ne prétends pas donner à entendre que le dialogue socratique est le seul à mettre en pratique l'« amour de la sagesse », même si, de fait, la plus grande partie de la philosophie académique semble plutôt n'être intéressée que par l'apport de textes incestueux d'auto-complaisance théorique avancés au nom d'un grand penseur (c'est fréquemment le cas chez les « croyants » en un philosophe particulier). L'étude des grands penseurs peut, bien sûr, être elle aussi une véritable activité philosophique. Et entrer en dialogue avec ces penseurs peut nous amener à penser par nous-mêmes. Mais l'esprit du dialogue socratique consiste à se confronter avec les idées des grands penseurs de la même manière que nous le faisons avec les idées de n'importe qui. Il s'agit dans tous les cas d'examiner les idées par rapport au potentiel qu'elles ont de clarifier les questions que nous nous posons par rapport à notre propre vie.

35. Voir mon article « Experimental Wisdom and the art of living: On Zen, Nietzsche and the implicit worldview of philosophical practice », in W. van der Vlist (ed.), *Perspectives*

de philosopher à partir de l'expérience, et telle est son importance : une attention permanente portée à la pratique de la vie quotidienne. En prenant un exemple concret comme pierre de touche pour la recherche, nous reconnaissons la valeur d'une expérience : un exemple concret est en effet quelque chose d'unique et de particulier, mais en même temps il embrasse le général dont il représente un aspect. La vérité que l'on cherche a à voir, avant tout, avec l'individu qui cherche. La connaissance et la compréhension ne sont pas des fins en elles-mêmes ; elle sont au service de la « vie bonne », de l'art de vivre.

L'ART DE VIVRE

Les bénéfices du dialogue socratique ne peuvent pas être comptabilisés de manière quantitative. Ce que nous gagnons est une connaissance de soi-même qui a été mise à l'épreuve d'un processus intersubjectif. À quoi cela nous sert-il ? Le dialogue socratique peut contribuer à la découverte de valeurs qui excèdent les bénéfices matériels : l'art de vivre. Les anciens Grecs avaient déjà mis l'accent sur le fait que se connaître soi-même était indispensable[36]. Pour eux, la réflexion était un instrument qui permettait de mener une « vie bonne ». Dans la mesure où le bonheur est entre nos mains, nous sommes responsables des valeurs et des idéaux qui dirigent nos actions. À cet effet, nous devons nous connaître nous-mêmes, examiner nos vies, nous demander quelles sont nos priorités, et, le cas échéant, les changer. Les habitudes non-réfléchies et les normes de l'agir (que nous avons reçues de nos parents ou de la société par exemple) peuvent ainsi être transformées ou remplacées par des conceptions qui servent de lignes directrices pour notre vie. Ce processus crée des individus moralement autonomes. Et cela ne se produit que lorsque nous nous convertissons en sujets de nos propres conceptions, conceptions qui, comme nous l'avons dit, serviront de lignes directrices pour notre vie. L'être humain, au sens de « l'animal le moins déterminé », dispose d'un espace éthique qu'il doit gérer lui-même si une vie docile ne le satisfait pas. Cette auto-création n'est pas quelque chose qui se fait une fois pour toutes ; c'est un processus

in Philosophical Practice, Collected Lectures Held at the Second International Congress on Philosophical Practice, Groningen, VFP, 1997. Pour considérer le fait de vivre véritablement dans le présent comme quelque chose qui vaut la peine d'être vécu et comme un trait qui caractérise une vie pleine, il est nécessaire d'affronter des obstacles qui caractérisent notre vie personnelle et notre culture. Dans cet article, j'analyse lesdits obstacles et j'attribue un objectif thérapeutique à la pratique philosophique pour qu'elle puisse les aborder.

36. Sur la conception de l'art de vivre des épicuriens et des stoïciens, *cf.* P. Hadot, *Exercices spirituels et philosophie antique*, nouvelle édition revue et augmentée, Paris, A. Michel, 2002.

permanent. C'est en ce sens que l'on peut dire que la vie se transforme en art. Le dialogue socratique en tant que pratique de l'auto-examen et questionnement sur des sujets qui concernent notre vie prend toute sa signification à partir de la perspective de cet art d'auto-création.

Dans la vie professionnelle aussi, l'auto-examen et la réflexion sont importants: par exemple, pour réorienter notre carrière professionnelle et pour examiner les valeurs, les vertus et les idéaux qui jouent un rôle dans l'exercice de notre profession[37]. Il y a chaque fois plus d'entreprises qui se rendent comptent qu'imposer un code moral du haut en bas ne fonctionne pas et qu'il est plus efficace que les gens réfléchissent par eux-mêmes et découvrent quelles sont les valeurs et quels sont les critères qui sont en jeu. Ils ont déjà fait par eux-mêmes l'expérience des conséquences de leurs actes, de leurs dilemmes et de leurs responsabilités. Ils n'ont pas besoin d'un expert extérieur pour les élucider; ils peuvent apprendre à partir de leur propre expérience et un dialogue socratique peut les aider à le faire. Mon travail avec des officiers de police, des infirmières et des fonctionnaires municipaux, par exemple, confirme cette idée.

Nous vivons dans une ère qui met chaque fois davantage en pratique les exigences du Siècle des Lumières[38]. Si nous ne voulons pas que d'autres nous dictent nos valeurs et nos idéaux, alors la seule alternative, à mon sens, est d'apprendre à partir de notre expérience. En fin de compte, la vie est le seul véritable « gourou », non pas en ce qu'elle apporterait des

37. Nous avons besoin de la réflexion, par exemple, pour éviter le « burn out ». La réalité, bien souvent, est très différente de nos attentes initiales: il arrive qu'il faille parfois procéder à une réorientation dans notre travail pour éviter la perte de sens et de motivation. Et nous avons aussi besoin de la réflexion pour être en adéquation avec les changements qui se produisent dans la culture des entreprises. On peut comparer cela à la valorisation positive du changement continu que défendent les théories de l'organisation, comme c'est le cas, par exemple, de la théorie de l'« organisation ouverte à l'apprentissage ». Ces théories parlent d'une « maîtrise personnelle » et du fait que les personnes doivent s'engager dans « l'apprentissage tout au long de la vie ». Voir P. M. Senge, *The Fifth Discipline, The Art and Practice of the Learning Organization*, New York, Doubleday, 1990.

38. Les idéaux du Siècle des Lumières peuvent, intellectuellement, être mis en question et fortement critiqués (c'est le cas, par exemple, dans la philosophie post-moderne française), mais, politiquement, il n'en va pas de même: dans la pratique de la vie quotidienne, l'émancipation de l'individu est une des priorités de l'agenda politique, notamment dans les sociétés occidentales (il suffit de voir à quel point on insiste sur la question des droits du travailleur individuel, sur l'individualisation de la législation, sur le soin de soi-même dans la thérapie, etc.). Il vaut donc mieux dire à cet égard que l'époque du Siècle des Lumières vient de commencer plutôt que d'affirmer qu'elle est révolue. Ses idéaux, avec les modifications et les réajustements nécessaires en raison du temps qui est passé depuis lors (et avec l'aide des critiques de premier et de second ordre qui leur sont adressées) sont aujourd'hui plus vifs que jamais et il reste encore beaucoup à faire (et non seulement en Occident). Je crois que la pratique philosophique, et tout particulièrement le dialogue socratique, est un outil de très grande valeur pour que ces idéaux deviennent réalité.

messages stéréotypés, mais parce qu'elle instruit de manière dynamique, diversifiée et sans jamais être la même. Aussi bien dans la vie publique que dans nos professions les valeurs et les normes fonctionnent chaque fois moins comme une monnaie commune. Si la moralité n'est plus quelque chose qu'il faut donner pour acquis, alors il est nécessaire que nous réfléchissions et débattions sur les questions éthiques. Le dialogue socratique offre une excellente opportunité pour réaliser cet objectif[39]

Faire de la vie un art n'est pas seulement une option attractive. Être responsables de notre propre vie s'accompagne d'insécurité, notamment quand nous devons nous interroger sur les habitudes et les normes de l'agir en termes d'auto-création. Être les sujets des conceptions qui serviront de lignes directrices pour notre vie demande beaucoup de courage, par exemple, pour résister à ce que l'on suppose être « normal ». Pour certains, c'est là une raison de penser que l'autonomie morale est un idéal trop élevé : ils soutiennent que nous ne sommes pas capables d'affronter cette responsabilité et que c'est la raison pour laquelle nous avons encore besoin d'autorités morales (chefs religieux, de livres sacrés, scientifiques, etc.) ; en effet, sans normes morales fixes les gens sont plongés dans la confusion et se sentent désorientés. Dans le dialogue socratique, entendu comme une forme de pratique philosophique, on défend une approche différente. L'absence de sécurité est combattue en fortifiant la confiance dans la capacité que nous avons de penser par nous-mêmes et dans l'importance accordée à l'expérience personnelle[40]. Tout le monde est capable de s'auto-examiner et d'apprendre à partir de l'expérience. Seuls le manque de confiance en soi et l'absence d'un environnement stimulant – à la fois accueillant et critique – peuvent rendre difficile l'actualisation de cette capacité[41].

39. Bien que parfois la tentation soit grande de considérer le dialogue socratique comme une méthode formelle de plus à visée purement instrumentale (par exemple dans le domaine des entreprises), je voudrais mettre l'accent sur sa fonction *émancipatrice* : plus que toute autre chose, le dialogue socratique est : (1) une méthode pour apprendre à partir de l'expérience par la pensée personnelle, et (2) un outil au service de l'essor de l'art de vivre. En ce sens, je souscris tout à fait aux objectifs politiques de Nelson, même si j'aimerais les reformuler en les réajustant à une situation culturelle qui a beaucoup évolué depuis son époque.

40. Sans la confiance en soi que nous donne notre sens de la vérité nous sommes renvoyés à la croyance, et contraints de croire ce que disent les autorités.

41. Il est bien clair que combiner « accueillant » et « critique » n'est pas toujours facile. La tâche de l'animateur consiste à faire en sorte qu'il y ait un équilibre entre ces deux éléments. Si la critique prévaut chez les participants, certains choisiront de se retirer et se convertiront en simples spectateurs. Si nous les invitons à exprimer quelque idée que ce soit qui leur passe par la tête sans examiner ces idées avec attention, le risque qu'ils s'obstinent dans leurs opinions ne sera pas seulement imaginaire, et l'effet critique qu'engendre un véritable dialogue s'évanouira.

L'auto-examen est indispensable pour nous libérer des fardeaux non nécessaires et de l'ignorance, et c'est pourquoi il s'agit d'un souci constant et très important en vue de l'essor de l'art de vivre. Bien développer notre capacité de discernement nous sera toujours bénéfique. Des thèmes comme la liberté, la responsabilité et la confiance sont essentiels dans la vie quotidienne, même si nous avons rarement l'occasion de réfléchir sur eux. En analysant en profondeur ces questions dans un dialogue socratique, non seulement nous améliorons la connaissance que nous avons de nous-mêmes et nous aiguisons notre discernement, mais en outre nous prenons conscience de ce qui fait que la vie vaille la peine d'être vécue. De fait c'est là l'important du questionnement philosophique. Par exemple, en cherchant une définition – le célèbre art socratique – la recherche revitalise le sujet sur lequel elle porte. Et cela nous pousse une fois encore à faire des efforts pour mener une « vie bonne ». La vérité se matérialise dans la recherche d'elle-même.

L'art de vivre essaie fondamentalement de faire en sorte que nous nous sentions à l'aise dans la vie, que nous nous levions chaque jour avec joie devant la journée qui s'annonce et que nous nous couchions chaque soir avec gratitude pour tout que cette journée nous a apporté, comme le disaient les épicuriens. Mais cela ne se produira pas sans effort. Comprendre des questions comme celle de la liberté (ou toute autre question) implique une différence qualitative dans la manière dans laquelle nous vivons notre vie. La compréhension fait qu'il est plus facile de se sentir comme « chez soi ». Le dialogue socratique est donc bien, d'après mon expérience, un exercice d'éthique personnelle et l'exercice d'un art de vivre.

Bibliographie

HADOT Pierre, *Exercices spirituels et philosophie antique*, nouvelle édition revue et augmentée, Paris, Albin Michel, 2002.

HECKMANN Gustav, *Das Sokratische Gespräch. Erfahrungen in philosophischen Hochschulseminaren*, Frankfurt a. M, dipa-Verlag, 1993.

LAHAV Ran, TILLMANS Maria (ed.), *Essays on Philosophical Counseling*, New York, University Press of America, 1995.

NELSON Leonard, *Die Sokratische Methode* [1929], Kassel-Bettelhausen, G. Raupach-Strey (hg.), 1987.

SENGE Peter Michael, *The Fifth Discipline. The Art and Practice of the Learning Organization*, New York, Doubleday, 1990.

VAN DER VLIST Wim (ed.), *Perspectives in Philosophical Practice, Collected Lectures Held at the Second International Congress on Philosophical Practice*, Groningen, Vereniging voor Filosofische Praktijk, 1997.

LE DIALOGUE SOCRATIQUE EN PRATIQUE

KRISTOF VAN ROSSEM

Introduction

Qu'est-ce qui rend une conversation « socratique » ? Une condition évidente est que, dans une telle conversation, quelque chose de semblable à ce que notre ami athénien a fait doit avoir lieu. Que faisait Socrate ? Des centaines de chercheurs dans la longue histoire de la philosophie et de la littérature classique ont tenté de répondre à cette question. Jusqu'à présent, nous n'avons qu'une seule réponse : nous ne le savons pas ! Simplement parce qu'il est impossible de comprendre ses paroles et ses actions en laissant de côté les interprétations des textes historiques dans lesquels Socrate joue un rôle [1]. Une chose est sûre : Socrate lui-même n'avait pas de « méthode » définissable qu'il appliquait à tous ceux qu'il rencontrait [2]. Mais cela ne signifie pas que toute conversation aujourd'hui peut être légitimée comme étant socratique. Voici vingt minutes d'une conversation que j'ai eue avec Aline. Elle était volontaire dans un atelier que je dirigeais lors d'une conférence sur le dialogue socratique [3].

1. L'impossibilité d'extraire les « Σωκρατικοὶ λόγοι » de leur contexte historique et littéraire est montré de façon convaincante par Livio Rossetti : L. Rossetti, *Le dialogue socratique*, « Encre marine », Paris, Société d'Édition Les Belles Lettres, 2011.

2. R. Reich, « Confusion about the Socratic Method : Socratic Paradoxes and Contemporary Invocations of Socrates », in S. Tozer (ed.), *Philosophy of Éducation*, Urbana, Illinois, Philosophy of Education Society, 1998, p. 68-78.

3. Une autre version de cette histoire est publiée dans K. Van Rossem, « Meeting Socrates. How to do Socratic Consultations », *Philosophical Practice. Journal of the APPA*, March 2014, 9.1, p. 1344-1351. Cette version et le texte qui suit sont plus élaborés.

L'entretien

Kristof, l'animateur (désormais abrégé en K.) : Qui a vécu quelque chose de particulier la semaine dernière et pourrait nous le raconter ?

Aline (désormais abrégé en A.) : Oui, moi j'ai quelque chose. Il y a deux jours, je suis allée déjeuner avec Marie, une amie à moi. À un certain moment, elle s'est écriée : « Je ne juge jamais » ! Mais en fait, elle le fait tout le temps.

K. : Et alors ?

A. : Eh bien, j'ai une difficulté avec cela. C'est si manifestement faux ! Attention, je l'aime bien, Marie. C'est une femme très spontanée mais c'est marrant : elle a une opinion sur tout ! Sortir avec elle est toujours amusant. Elle laisse tout échapper de façon irréfléchie.

K. : Alors, qu'est-ce qui s'est passé ?

A. : Pendant ce lunch-ci, elle parlait de sa mère. Moi, je ne faisais que l'écouter. Et puis, quand elle a dit qu'elle ne jugeait jamais, j'ai pensé immédiatement : « Ah ma fille, tu te connais si mal » !

K. : Et alors ?

A. : Je voulais dire quelque chose comme « Ce n'est pas vrai, tu le fais constamment » mais je n'ai pas osé.

K. : Pourquoi pas ?

A. : J'avais peur de la vexer. Comme je la connais, elle ne supporte pas la critique et elle réagirait avec colère si je devais la confronter à ça.

K. : Avez-vous dit quelque chose ?

A : (Elle hésite, semble mal à l'aise) Eh bien, après un moment de silence, j'ai dit quelque chose comme « Jamais » ? mais d'une manière légère, de sorte qu'il ne semblait pas que je la tienne responsable de ce qu'elle avait dit. Ensuite, la conversation s'est déroulée comme d'habitude.

K. : Que pensiez-vous exactement à ce moment-là ?

A. : Maintenant que vous me le demandez, je sentais une certaine réticence. Je trouvais dommage de ne pas pouvoir le lui dire. Et j'ai pensé : « Elle ne sera jamais une véritable amie ».

K. : Qu'est-ce qui est important ici ? Sur quoi souhaitez-vous mettre l'accent ?

A : (Elle prend un moment pour réfléchir) La dernière partie est importante je pense, celle sur l'amitié.

K. : Maintenez-vous toujours que Marie ne sera jamais pour vous une véritable amie ?

A : (Elle doute) Eh bien, on ne sait jamais, elle pourrait changer au cours de sa vie. Elle est une bonne amie, vous savez. C'est quelqu'une avec laquelle on s'amuse toujours, mais je ne dirais pas qu'elle est une « vraie amie », maintenant. Non. Être une telle amie nécessite quelque chose de plus, je pense.

K. : OK, vous dites : « Elle n'est pas une véritable amie ». Qu'est-ce que cela a à voir avec le moment où elle a dit, « Je ne juge jamais » ?

A. : Eh bien, c'est à ce moment même, quand elle dit : « Je ne juge jamais », qu'il est devenu clair pour moi qu'elle n'est pas vraiment une véritable amie. Ce n'était pas la première fois que je le pensais mais c'est à ce moment-là que cela est devenu très clair pour moi.

K : (Il écrit sur le tableau) « Quand Marie, au cours de notre conversation, a dit : "Je ne juge jamais", j'ai su clairement ce que je pensais avant : elle n'est pas une véritable amie ».

K. : Est-ce exact ?

A. : Oui !

K. : Pourquoi n'avez-vous su cela qu'à ce moment ?

A. : Eh bien, je l'ai su parce qu'à ce moment-là j'ai eu le sentiment que je ne pouvais pas être moi-même avec elle.

K : (Il écrit vers le bas sur la feuille) Pouvez-vous expliquer cela un peu plus ?

A. : Être moi-même signifie que je sens que je peux dire n'importe quoi. C'est ce que j'attends d'une véritable amie.

K. : Qu'est-ce que cela a à voir avec « je ne juge jamais » ?

A. : Eh bien, je n'ai pas l'impression que je pouvais librement lui dire qu'elle se trompait ! (a)

K : Avez-vous d'autres raisons pour lesquelles vous avez su à ce moment qu'elle n'était pas une véritable amie ?

A. : Il n'y a pas de compréhension mutuelle. Elle ne sent pas ce que je pense, et vice versa. Je dois tout le temps faire attention à ce que je dis. (b)

K. : OK, y a t-il d'autres raisons ?

A. : Elle m'a déçu dans sa réponse. (c)

K. : Comment ?

A. : Elle me déçoit. Pour moi, en disant : « Je ne juge jamais », elle montre qu'elle ne se connaît pas, et c'est ce que j'attends d'une véritable amie.

K. : Et laquelle des trois raisons que vous avez données est la plus importante ?

A. : La première, je pense. Avec une vraie amie, vous devez avoir le sentiment que vous pouvez être vous-même, n'est-ce pas ?

K. : Avez-vous le sentiment que vous pourriez être vous-même, au moment où elle dit : « Je ne juge jamais » ?

A. : Non, comme je vous ai dit, je sentais que je devais être prudente avec elle ; que je ne pouvais pas lui dire ce que je voulais.

K. : Comment appelez-vous ce sentiment ?

A : (Elle réfléchit) Je pense que c'est être inhibé, ne pas être libre.

K. : Et ce sentiment d'être inhibé est-ce la raison la plus importante pour dire que vous saviez qu'elle ne sera jamais une véritable amie ?

A. : Oui.

K. : Pourquoi ?

A. : Avec une véritable amie, vous n'aurez jamais le sentiment d'être retenue comme ça.

K. : OK, mais pourquoi est-ce si important, plus important que le manque de compréhension mutuelle ou l'ignorance de Marie ?

A : (Elle réfléchit profondément) Je pense que c'est parce qu'être soi-même et se sentir libre, plutôt qu'inhibé, est nécessaire pour qu'une personne soit une véritable amie. Les deux autres raisons peuvent se produire, par hasard, dans une amitié ordinaire, même dans une véritable amitié. Mais quand il y a ce sentiment d'être inhibé, il ne sera jamais vraiment question d'une véritable amitié. Ne pensez-vous pas ?

K : Excusez-moi Aline, vous n'avez pas encore répondu à ma question : pourquoi ce sentiment d'être libre est-il si important dans une amitié ?

A. : Euh… Je ne l'ai pas précisé ?

K. : Ce que j'ai entendu, c'est votre avis mais je n'ai pas encore entendu la raison pour laquelle c'est comme ça. Je suis curieux. Alors dites-moi, pourquoi ce sentiment est-il si important ?

A. : Euh, je crois que c'est parce qu'être amie avec quelqu'une ne peut pas être forcé. Une amie est quelqu'une qui veut être avec vous, non uniquement pour s'amuser ou par profit personnel, mais seulement parce qu'elle choisit d'être avec vous. Et elle choisit d'être avec vous pour tout ce que vous êtes. Il ne faut donc pas dissimuler ou avoir honte d'un quelconque aspect de ce que l'on est.

K. : Qu'est-ce que cela a à faire avec le sentiment que vous aviez auprès de Marie ?

A. : Avec elle, je sens parfois qu'elle n'accepte pas tout de moi, que je dois faire attention au lieu de me sentir libre.

K. : OK, mais vous avez ajouté qu'à cause de cela, elle ne sera *jamais* une véritable amie. Quelle est la relation avec ce « parfois » alors ?

A. : Je ne comprends pas.

K. : Comment savez-vous que vous vous sentirez *toujours* limitée avec Marie ?

A. : Eh bien, j'ai une autre amie, Carine. Elle a été une véritable amie de longue date, et avec elle, je n'ai jamais ce sentiment.

K. : Et alors ?

A. : Avec Marie, cela arrive presque chaque fois que je lui parle.

K. : Et pensez-vous que cela peut changer dans le cas de Marie ?

A. : Eh bien, c'est toujours possible, bien sûr, mais c'est très peu probable. C'est un sentiment qui revient parfois, en fonction de la personne avec laquelle vous êtes.

K. : Avez-vous ce sentiment d'être inhibée maintenant, dans cette conversation avec moi ?

A. : Pour être honnête : parfois, oui. Je crains parfois de dire quelque chose de mal.

K. : Est-ce que cela veut dire alors que je ne serai *jamais* votre véritable ami ?

A. : Non, mais si ce sentiment devait persister, alors je pense que je ne serais, en effet, jamais votre véritable amie.

K. : Alors, combien de temps ce sentiment devrait-il persister avant que vous sachiez que je ne serais jamais un véritable ami ?

A. : Je ne sais pas !

K. : Donc, si vous ne savez pas combien de fois vous avez besoin de vous sentir inhibée, comment pouvez-vous tirer, tout d'un coup, cette conclusion de votre conversation avec Marie ?

A : (Silence) Je ne sais pas. Je vais y réfléchir plus tard. Pourrions-nous nous arrêter maintenant ?

K. : Oui, le temps est écoulé. Merci Aline pour cette conversation.

A. : Je vous remercie.

Qu'est-ce que l'animateur fait ici ?

1. Comme dans pas mal de dialogues de Platon, l'entretien commence au milieu d'un événement de la vie quotidienne. Aline vient presque spontanément avec une histoire à propos de laquelle elle a une opinion. Étant animateur, je ne m'inquiète pas du sujet ou de l'histoire. La seule chose qui m'intéresse, c'est :

a) Est-elle capable de raconter l'histoire en termes tout à fait concrets (et pas comme « je rencontre presque toujours des gens qui… »),

b) Peut-elle trouver un moment dans son expérience où il se passe quelque chose à propos de quoi elle a une opinion ? La seule chose que je fais, c'est poser des questions, de sorte que j'aie l'histoire devant les yeux, comme un film. Après cela, je lui demande de se concentrer sur un moment critique. Ce moment se produit lorsque son amie dit « Je ne juge jamais ». C'est le moment où les réflexions sur l'amitié ont surgi dans son esprit.

2. Pendant qu'Aline raconte tout cela, plusieurs observations sur cette rencontre sont faites, telles que « Marie a un avis sur tout » et « Marie

laisse échapper quelque chose». Mais elles sont «détachées», en ce sens qu'Aline ne les prend pas spontanément comme opinion. Ce n'est qu'après ma question «Sur quoi voulez-vous mettre l'accent»? qu'elle présente une affirmation qui est plus précise et catégorique: «elle ne sera jamais une vraie amie». C'est une affirmation qui concerne l'avenir et est donc difficile à investiguer. Alors, je l'invite à faire le point ici et maintenant. Je lui demande si en ce moment même, Marie n'est pas, en fait, une véritable amie. Et elle l'affirme. Du point de vue logique, je m'attendais à cela. Si elle pensait qu'elle ne serait jamais une véritable amie, on pourrait aussi s'attendre à ce qu'elle le proclame maintenant. Elle dit même que, à ce moment-là, elle *a su* qu'elle n'était pas une vraie amie.

3. Une fois sa déclaration faite, j'invite Aline à formuler ses motifs réels pour voir la situation comme elle la voit elle-même. Ensuite, j'écris sur le tableau toutes les raisons qu'elle donne, avec ses propres mots. Ce que je pense moi-même de ces raisons n'a pas d'importance ici. Je ne conteste pas les arguments en tant que tels. Je questionne seulement la façon dont ils se rapportent à l'expérience, et ce qu'ils signifient dans son esprit. Le concept de «être soi-même» n'est pas clair pour moi. C'est alors que je lui demande de le préciser.

4. Pour gagner du temps, je demande à Aline d'examiner ses arguments et de choisir le plus important. Et elle choisit celui de ne pas pouvoir être elle-même avec Marie. Comme il est assez vague pour moi, je lui demande de conceptualiser ce sentiment. Elle l'appelle «être inhibée, ne pas être libre». Maintenant que nous avons tout ce qu'elle pense «sur la table», la partie critique entre en jeu. Je l'invite à jeter un regard critique sur la qualité de ses propres arguments, à commencer par l'ordre d'importance. Je lui demande pourquoi elle pense que son sentiment d'être inhibée avec Aline est l'argument le plus important. Deuxièmement, en se concentrant sur l'argument lui-même, je lui demande de vérifier si ce sentiment d'être inhibée est une bonne source de connaissances pour juger de la qualité de cette amitié particulière. Après tout, un sentiment va et vient, peut-on le comprendre comme une véritable connaissance? Combien de temps ce sentiment devrait-il persister avant qu'elle sache qu'elle n'a pas une véritable amie en face d'elle?

5. Tout en l'interrogeant sur ce dernier point, je fais tout à coup un passage à ici et maintenant. Je lui demande de comparer le sentiment d'être inhibée avec Marie avec le sentiment qu'elle a dans sa conversation avec moi. Est-ce qu'il est suffisant pour conclure: vous n'êtes pas un véritable ami? Ce dernier point reste en suspens, en raison de contraintes de temps.

Mais Aline en avait assez aussi, tout comme Euthyphron en avait assez de Socrate, il y a quelque 2400 ans[4].

Est-ce un dialogue socratique ?

Un dialogue socratique est une conversation dans laquelle vous réfléchissez en permanence sur :

a. ce que vous dites sur votre expérience propre, et pourquoi vous le dites (exprimée en termes aussi précis et concrets que possible),

b. la vérité de ces prétentions et la validité de ces arguments. Le deuxième suit comme l'aboutissement logique du premier. Dans cette conversation-ci, ce deuxième mouvement reste inachevé parce que le temps était écoulé. L'enquête critique de la vérité de ses arguments venait de commencer. Néanmoins j'appelle déjà ce dialogue socratique parce qu'il est possible d'y distinguer des mouvements essentiel « socratiques ». Les trois premiers sont des mouvements qu'un participant fait en suivant ou en répondant à une question de l'animateur. Les trois derniers sont des mouvements faits par un animateur. Dans un dialogue socratique en groupe, les participants reprennent les mêmes mouvements alors que l'animateur peut reculer un peu[5].

I. Prendre position : l'enquête critique commence dès qu'il y a un participant qui formule une assertion sur un moment de son expérience. C'est quelque chose qu'il considère comme vrai. Ici, c'est Aline qui affirme qu'elle savait que Marie n'était pas une véritable amie.

II. Concrétiser : je lui demande plusieurs fois de concrétiser ce qu'elle dit dans son compte-rendu, par exemple : « Qu'est-ce que cela a à voir avec le moment où Marie s'écrie : Je ne juge jamais ? ».

III. Expliquer : je demande à Aline d'expliquer ce qu'elle tient pour une vérité. Je l'invite à argumenter son point de vue. Et je le fais de manière aussi exhaustive que possible, jusqu'à ce qu'elle dise : « Ça y est ». C'est le geste de la « sage-femme en mouvement » si souvent cité. Quand je demande à mon client de me donner ses arguments, je « l'accouche » de sa connaissance silencieuse. Cela se fait sans invitation explicite ; il s'agit d'un processus spontané. Dans ce cas-ci, l'accouchement c'est très bien déroulé, sans trop de douleur.

4. Eutyphron quitte Socrate après avoir manqué de donner une définition de la piété et de résoudre le fameux « problème d'Eutyphron » : Est-ce pieux parce qu'il plaît aux dieux ou est-ce qu'il plaît aux dieux parce que c'est pieux ? *Cf.* G. Matthews, *Socratic perplexity and the nature of philosophy*, Oxford, Oxford University Press, 1999, p. 31-41.

5. Ces mouvements socratiques ont aussi été décrits dans H. Bolten, K. Van Rossem, « Socratisch beraad », in H. van Dartel, B. Molenwijk (ed.), *In gesprek blijven over goede zorg*, Amsterdam, Boom, 2014, p. 96-112.

IV. Écouter littéralement : j'écris sur le tableau les pensées d'Aline aussi littéralement que possible. Je ne peux le faire que si j'écoute très attentivement tout ce qu'elle dit.

V. Questionner : une fois que ses arguments sont sur le tableau, je demande à Aline de les regarder et de les critiquer. Quand elle considère, par exemple, que le premier argument est le plus important, elle remet en question la notion d'amitié dans son propre esprit. C'est un concept qui apparemment implique une condition nécessaire : qu'on peut être soi-même, signifiant qu'il n'y a pas de restrictions, la possibilité de dire ce que l'on veut, etc.

VI. Refléter : à la fin de la conversation, je demande à Aline d'appliquer sa revendication « épistémologique » au sujet de savoir ce qu'est une véritable amie ici et maintenant.

Qu'est-ce que ce « dialogue socratique » a à faire avec le Socrate de Platon ?

Comme cela a déjà été formulé, qui était Socrate et ce qu'il faisait n'est pas indiscutable. En gros, il y a deux interprétations : l'interprétation « lourde » et l'interprétation « légère »[6]. Selon la première, Socrate était un homme qui, à la différence des sophistes, cherchait la « vérité ». Ici, nous tenons une interprétation « légère » de l'œuvre de Socrate. Elle est basée sur l'idée qu'il était plutôt ignorant de ce qu'il faisait. Il n'y a pas beaucoup de « preuves » par exemple que cette distinction avec le travail des sophistes ne soit pas une interprétation de Platon plutôt qu'une description de la réalité. Une des seules choses qui revient dans toutes les sources est que le bonhomme était quelqu'un plutôt drôle qui (comme les collègues-sophistes) faisait penser ses interlocuteurs, pas systématiquement, mais d'une manière très audacieuse[7]. Et son but n'était pas de trouver « la vérité », mais de les aider à devenir de meilleurs chercheurs. Ce qui ne veut pas dire que la vérité ne joue aucun rôle. Non, dans un dialogue socratique, elle est approchée plutôt qu'aboutie.

Est-ce que j'utilise la méthode de Socrate ?

Certaines études disent que Socrate faisait quelque chose de différent dans chaque dialogue et qu'il n'est pas question d'« une » méthode[8].

6. *Cf.* R. Reich, « Confusion about the Socratic Method : Socratic paradoxes and Contemporary Invocations of Socrates », *op. cit.*, p. 68-78.

7. Entre autre Rossetti met en perspective la différence entre le Socrate des dialogues aporétiques et les sophistes. Il montre que Socrate « adopte des attitudes de type éristique ». *Cf.* L. Rossetti, *Le dialogue socratique*, *op. cit.*, p. 146-147.

8. Par exemple D. Hansen, « Was Socrates a Socratic teacher ? », *Educational Theory*, 38, 1988, p. 213-224.

D'autres disent qu'on peut quand même distinguer une approche pédagogique cohérente[9]. Selon nous, il n'y a aucune méthode formelle élaborée sans ambiguïté dans tous les dialogues de Platon. Néanmoins, il y a des mouvements qui reviennent régulièrement[10].

Le premier est le mouvement destructeur de l'ἔλεγχος *(elenchos)*, généralement traduit par « réfutation » ou « honte ». Socrate mène ses interlocuteurs à la confusion en montrant que leurs thèses sont contradictoires dans la mesure où elles ne s'accordent pas avec les prémisses, souvent basées sur des opinions de sens commun ἔνδοξα *(endoxa)*, qu'ils sont disposé à lui accorder. Dans le *Gorgias*, Calliclès affirme au début que le plaisir et le bonheur sont différents. Après être interrogé par Socrate, il prétend que les deux sont la même chose. Au moment où Socrate le confronte à cela, il s'embrouille. On appelle cela des « apories ». C'est la surprise, la confusion à la fin de ce mouvement. Ménon formule cette expérience ainsi après avoir été interrogé par Socrate sur la vertu[11] :

> Socrate, j'avais entendu dire, avant même de te rencontrer, que tu ne fais rien d'autre que de te mettre toi-même dans l'embarras, et faire tomber les autres dans l'embarras. Et à présent, c'est en tout cas l'impression que tu me donnes, tu m'ensorcelles et me drogues et tout simplement m'enchantes, au point que je suis parvenu au comble de l'embarras.

Le résultat de l'*elenchos* est l'expérience de la « perplexité »[12]. L'interlocuteur est « surpris » d'être si ignorant. Cette expérience doit engendrer la curiosité envers la réalité des faits. Socrate encourage alors souvent ses interlocuteurs à trouver une meilleure connaissance de cette vérité[13]. Dans la conversation avec Aline, il y a cette expérience à la fin. Elle réalise qu'elle ne sait pas combien de temps il faut avoir le sentiment d'être inhibé afin de pouvoir conclure que l'autre n'est pas une véritable amie. Tout cela en sachant bien qu'elle avait déjà conclu que Marie ne serait jamais une telle amie. Aline finit par dire « je vais y réfléchir plus tard ».

9. Comme par exemple G. Vlastos, *Socrates, Ironist and Moral philosopher*, Cambridge, Cambridge University Press, 1991.

10. Je suis ici l'interprétation de Cain : R. Cain, *The socratic method. Plato's use of Philosophical drama*, Londen-New York, Continuum International Publishing group, 2007.

11. Platon, *Ménon* 80a, trad. fr. S. Bernard 2001, *cf.* http://plato-dialogues.org/

12. *Cf.* G. Matthews, *Socratic perplexity and the nature of philosophy*, Oxford, Oxford University Press, 1999, p. 31-41.

13. Ce ne sont pas toujours des allégations sincères des partenaires que Socrate questionne pour arriver à l'*elenchos*. Tout en suivant cette interprétation légère de Platon, Beversluis montre que ses tactiques dialectiques ne surgissent pas toujours du « soin de l'âme » de la part de Socrate. Socrate n'est pas si sérieux tout le temps. *Cf.* J. Beversluis, *Cross-examining Socrates*, Cambridge, Cambridge University Press, 2000, p. 37-58.

Deuxièmement, Socrate fait des interventions protreptiques (ce qui signifie littéralement « incitatives ») [14]. Ce sont des interventions directes ou indirectes destinées de convaincre son interlocuteur à réfléchir davantage. C'est l'élément « constructif » de sa « méthode ». Avec ce genre d'intervention, Socrate aurait une incidence morale et psychologique sur ses interlocuteurs [15]. Moralement, il veut que son interlocuteur prenne mieux soin de son âme (ἐπιμέλεια τῆς ψυχῆς) [16]. Dans la nomenclature d'aujourd'hui on dirait q'une telle vie « consacrée à la prise en charge de l'âme » signifie une vie qui ne se concentre pas principalement à gagner de l'argent et à l'amélioration de son statut. Elle est plutôt consacrée à la recherche de la vérité et la sagesse. En d'autres termes, Socrate veut faire de ses interlocuteurs des gens « plus sages et capables de réflexion ». Dans l'*Apologie*, il dit cela avec ces mots [17] :

> Et tant que je respirerai et que j'aurai un peu de force, je ne cesserai de m'appliquer à la philosophie, de vous donner des avertissements et des conseils, et de tenir à tous ceux que je rencontrerai mon langage ordinaire : ô mon ami ! comment, étant Athénien, de la plus grande ville et la plus renommée pour les lumières et la puissance, ne rougis-tu pas de ne penser qu'à amasser des richesses, à acquérir du crédit et des honneurs, sans t'occuper de la vérité et de la sagesse, de ton âme et de son perfectionnement ? Et si quelqu'un de vous prétend le contraire, et me soutient qu'il s'en occupe, je ne l'en croirai point sur sa parole, je ne le quitterai point ; mais je l'interrogerai, je l'examinerai, je le confondrai, et si je trouve qu'il ne soit pas vertueux, mais qu'il fasse semblant de l'être, je lui ferai honte de mettre si peu de prix aux choses les plus précieuses, et d'en mettre tant à celles qui n'en ont aucun.

Cet objectif moral explique pourquoi Socrate ne se satisfait pas de paroles. Il s'agit de *logos kai ergon*, paroles et actes.

Dans la mise en scène dramatique de Platon, nous voyons un Socrate qui est psychologiquement fort. Il est indéniable que l'expérience des « apories » influence ses interlocuteurs de manière profonde. Alcibiade se met à pleurer, Euthydème s'éloigne après avoir été psychologiquement bloqué et ainsi de suite. Pourquoi fait-il cela ? Quel est le but de cette « honte » ? Ici, il est clair qu'il n'est pas seulement une « sage-femme » qui accepte tout ce que l'autre dit. Non, il veut aboutir à quelque chose. Et il

14. *Cf.* R. Cain, *The socratic method. Plato's use of Philosophical drama*, *op.cit.*, p. 32-56.

15. C'est l'interpretation de Vasiliou. *Cf.* I. Vasiliou, *Aiming at virtue in Plato*. Cambridge, Cambridge University Press, 2007.

16. Ailleurs on appelle ce phénomène « la technique de guérir l'âme » (τεχνικὸς περὶ ψυχῆς θεραπείαν) par exemple dans le *Lachès*, 185e.

17. Platon, *Apologie*, 29d-e. trad. fr. Victor Cousin.

le fait de manière habile. Après l'expérience désastreuse de l'*elenchos*, il adoucit la pilule amère par une thérapie à la tête du client. Il répond aux sensibilités individuelles de ses interlocuteurs. Il a utilisé la flatterie auprès de Phèdre et fait le contraire avec Alcibiade, il tient les généraux Nicias et Lachès comme responsables de leurs prouesses et de leur expertise et ainsi de suite. Ces recours rhétoriques visent à « emballer » l'interlocuteur. Grâce à des stratégies de communication réfléchies et individualisées par lesquelles il brise toute résistance, il pousse son partenaire jusqu'à ce qu'il ait atteint le moment de saturation philosophique [18].

Dans le dialogue avec Aline, je ne vais pas aussi loin que Socrate. Mais quand elle répète son avis sur l'importance du sentiment d'être libre au lieu de donner des raisons, je fais quelque chose de semblable à un mouvement « protreptique ». Je l'encourage à aller plus loin en disant qu'elle m'a rendu curieux, etc. En formulant alors ses propres hypothèses (parfois pour la première fois), il se peut que je l'aie mise sur le chemin d'une prise de conscience de ses propres valeurs, principes, etc.. Je n'en ai pas la preuve puisque le dialogue était limité dans le temps et que je ne l'ai plus vue après.

Est-ce que j'applique le style de Socrate ?

Nulle part dans les textes de l'antiquité, Socrate n'explique à ses interlocuteurs son plan d'action ou sa méthode. Cela pour la simple raison qu'il n'y a pas de méthode toute faite [19]. Mais cela implique aussi que mener un dialogue socratique est de l'artisanat dès le départ ! Il n'y a aucune règle à suivre qui dit quoi demander et à quel moment [20]. La seule chose qu'un animateur doit faire c'est de veiller à ce que les mouvements décrits ci-dessus soient exécutés par le partenaire. Et presque la seule chose qu'il fait pour atteindre ce but, c'est poser des questions. Ces questions ne sont pas préparées ni préfabriquées. Elles doivent correspondre à une parole spontanée du client afin d'obtenir l'effet désiré. Ce qui peut alors être distingué, ce ne sont pas les questions mêmes posées par l'animateur mais le style du questionnement. C'est le style plutôt que la méthode qui rend une conversation plus ou moins socratique dans n'importe quel contexte. Cela implique aujourd'hui une pudeur à expliciter « la méthode utilisée ». Il y a un passage dans le *Banquet* où Alcibiade, ivre, donne un exposé sur

18. *Cf.* L. Rossetti, *Le dialogue socratique*, *op.cit.*, p. 232-236.

19. *Cf.* G. Scott, *Does Socrates have a method ? Rethinking the elenchus*, Pennsylvania, Pennsylvania State University Press, 2002.

20. Sur le style d'artisan dans la facilitation du dialogue socratique, *cf.* H. Bolten, K. Van Rossem, « Wilt u gestoord worden ? » in J. Delnoij, W. Van Dalen (ed.), *Het socratisch gesprek*, Best, Damon, 2003.

Socrate. En le séduisant, il essaye de thématiser ce que Socrate fait. Mais celui-là ne réagit pas à ses mots. Il reste imperturbable et n'explicite jamais sa « méthode ». Il lui répond[21] :

> Mon cher Alcibiade, tu ne me parais pas mal avisé, si ce que tu dis de moi est vrai et si je possède en effet le vertu de te rendre meilleur ; vraiment tu as découvert là en moi une beauté merveilleuse et bien supérieure à la tienne ; à ce compte, si tu veux faire avec moi un échange, tu m'as l'air de vouloir faire un assez bon marché ; tu prétends avoir le réel de la beauté pour son apparence, tu me proposes du cuivre contre de l'or. Mais, bon jeune homme, regardes-y de plus près : peut-être te fais-tu illusion sur le peu que je vaux.

Pour faire comme Socrate, c'est plutôt en exposant ce que je fais avec mes interlocuteurs qu'en développant un discours abstrait que j'essaie de montrer ce qu'est véritablement un dialogue socratique.

Est-ce que j'ai la « sagesse » de Socrate ?

Tout le monde connaît le *dictum* de Socrate « Je sais que je ne sais rien », extrait du célèbre passage de l'*Apologie*. Comment cette expression est-elle compatible avec l'attitude persévérante que j'ai décrite ci-dessus ? Il s'agit ici d'une ambiguïté qui peut être relevée dans plusieurs passages de Platon. La plus notable est un passage du *Gorgias*, où Socrate dit en même temps qu'il a les meilleurs arguments pour ce qu'il dit tout en tenant qu'il ne sait pas la vérité[22].

Est-ce que Socrate faisait semblant ? Plusieurs chercheurs ont étudié dans Platon cette question de la *docta ignorantia* et de nouveau les interprétations varient. Nous ne savons pas s'il pratiquait cela comme une stratégie pédagogique (parce qu'il veut plus de réponses correctes) ou parce qu'il voulait exister entre la connaissance et la sagesse[23]. Leonard Nelson, le philosophe kantien allemand qui réclamait le dialogue socratique déjà dans les années 1920, note à ce sujet : « les conceptions de Socrate sont plus incertaines et plus divisées que jamais »[24].

Pour l'animateur, l'ignorance socratique signifie d'abord qu'il ne doit rien savoir sur le sujet de la conversation. Quand par exemple Aline explique ses hypothèses sur l'amitié, je ne dis pas « Ce que tu dis me fait

21. Platon, *Banquet*, 218e-219a, trad. fr., Victor Cousin, http://remacle.org/bloodwolf/philosophes/platon/cousin/banquet.htm

22. Platon, *Gorgias*, 508e-509a.

23. L. Versenyi, *Ironist and Moral Philosopher*, New York, Cornell University Press, 1979, p. 121.

24. L. Nelson, *Socratic Method and Critical Philosophy. Selected Essays*, New Haven, Yale University Press, 1949, p. 4.

penser à ce qu'Aristote a dit sur l'amitié ». La raison de maintenir la silence ici est d'abord que cela n'ajoute rien à la profondeur de la pensée d'Aline. Deuxièmement, le fait de m'abstenir d'intervenir sur le contenu me permet de me concentrer sur la forme de ses énoncés. C'est nécessaire pour pouvoir trouver la juste formulation des questions (qui suscitent les mouvements socratiques).

Mais l'ignorance concerne également et surtout le raisonnement du client. En posant des questions comme « Pourquoi ? », « Et alors ? », je me montre ignorant vis-à-vis du raisonnement d'Aline, ce qui lui permet d'expliciter et de préciser ses arguments. Dans un dialogue socratique en groupe, cette attitude ignorante de l'animateur a également un effet pédagogique. En répétant des questions comme « Et alors ? comment ? pourquoi ? », les participants à la conversation sont stimulés à mieux s'écouter. Ils réalisent plus particulièrement ce qu'ils comprennent d'eux-mêmes et de l'autre personne et ce qu'ils ne comprennent pas.

Quelle est la différence avec un dialogue socratique en groupe ?

Dès que plusieurs mouvements socratiques peuvent être distingués dans une conversation, elle peut être appelée socratique. Le nombre des participants ne joue aucun rôle. Mais il va sans dire qu'il se passe d'autres choses dans un groupe que dans une conversation comme celle-ci. En général, la tâche de l'animateur d'un groupe consiste à montrer le questionnement socratique afin que les participants fassent la même chose. Dans la conversation avec Aline, des mouvements comme l'écoute littérale, le questionnement de la valeur des pensées sont exécutés par moi-même plutôt que par un groupe.

Par ailleurs, des aspects dynamiques de groupe, tels que « trouver » l'autre, l'empathie avec l'histoire de l'autre, etc. ne sont pas sans importance, mais sont des éléments subsidiaires et de soutien d'un dialogue socratique[25]. L'empathie avec la situation de l'autre peut être très utile mais pas n'est pas essentiellement socratique.

Pour conclure

Je conclus avec une note sur la tentation. Au cours de la conversation, Aline n'a pas seulement exprimé non verbalement un certain besoin de soutien (un regard interrogateur, un silence). Elle m'a aussi demandé plusieurs fois d'approuver ce qu'elle pensait. Cela arrive par exemple

25. Pour lire plus sur la tradition du dialogue socratique en groupe, *cf.* K. Van Rossem, « La Vie approfondie. À propos du dialogue socratique », *Diotime. Revue internationale de didactique de philosophie*, 39, 1/2009.

quand elle dit : « Avec une vraie amie, vous devez avoir le sentiment que vous pouvez être vous-même, n'est-ce pas ? »

Il est très tentant ici d'écouter la voix des sirènes et d'aider Aline, de la consoler, de lui faire sentir qu'elle n'est pas stupide, que ses intuitions sont justes etc. Mais ce n'est pas mon travail ! Je ne confirme ni n'infirme ce que dit Aline. Je ne montre pas d'empathie, je ne dis pas « hum » ni ne donne des signes d'approbation. La seule chose que je fais c'est l'encourager à penser plus loin en ajoutant « OK » à quelques reprises avant de formuler ma question suivante.

Donc, pour moi, l'activité principale comme animateur est de rester assis en écoutant la structuration des formulations du client dans ma tête. Mon action principale est de poser des questions tout le temps. Je ne suis pas à l'écart. J'écoute même très attentivement, mais sans être « proche » d'elle. Pourquoi est-ce si important ? Parce que mon travail est de renforcer la pensée critique dans l'esprit du client. Et cela signifie : aider à grandir, à se tenir debout sur ses propres pieds, à être responsable de ce qu'on dit et de ce qu'on pense. Je cherche à atteindre une façon apparemment « superficielle » de l'écoute. Je ne tente pas d'éclairer ou d'ordonner ce que j'entends. Je ne suis pas à la recherche d'une vérité plus profonde derrière ou entre les mots de mon client. Questionner comme Socrate signifie travailler à la surface des pensées.

Ailleurs, j'ai appelé cette résistance vers des appels à l'aide du client, l'attitude d'une « distance de compassion »[26]. Je suis passionnément concerné par tout ce que dit mon client : j'écoute très attentivement et je suis son discours de très près. Je suis le meilleur miroir que le client puisse obtenir. Mais un miroir n'est pas la même chose qu'une personne, il la reflète simplement. Je ne « comprends » pas mon client, je ne suis pas « connecté » avec lui. Je suis toujours à une distance critique. Mes questions ne sont pas là pour faire pousser des fleurs. Tout ce que je peux faire, c'est tirer les rideaux afin que le soleil du raisonnement puisse entrer et les aider à pousser.

Bibliographie

Beversluis John, *Cross-examining Socrates*, Cambridge, Cambridge University Press, 2000, p. 37-58.

Bolten Hans, Van Rossem Kristof, « Wilt u gestoord worden ? », in Jos Delnoij, Wieger Van Dalen (ed.). *Het socratisch gesprek*, Damon, Best, 2003.

26. Par exemple dans K. Van Rossem, « What is a socratic dialogue ? », *Filosofie*, 1, 2006, p. 48-51.

—, « Socratisch beraad » in Hans Van Dartel, Bert Molenwijk (ed.), *In gesprek blijven over goede zorg*, Amsterdam, Boom, 2014, p. 96-112.

CAIN Rebecca Bensen, *The socratic method. Plato's use of Philosophical drama*, Londen-New York, Continuum International Publishing group, 2007.

HANSEN David, « Was Socrates a Socratic teacher ? », *Educational Theory*, 38, 1988, p. 213-224.

MATTHEWS Gareth, *Socratic perplexity and the nature of philosophy*, Oxford, Oxford University Press, 1999, p. 31-41.

NELSON Leonard, *Socratic Method and Critical Philosophy*, Selected Essays, New Haven, Yale University Press, 1949.

REICH Rob, « Confusion about the Socratic Method : Socratic paradoxes and Contemporary Invocations of Socrates », in Steve Tozer (ed.), *Philosophy of education*, Urbana, Illinois, 1998, p. 68-78.

ROSSETTI Livio, *Le dialogue socratique*, « Encre marine », Paris, Les Belles Lettres, 2011.

SCOTT Gary Alan, *Does Socrates have a method ? Rethinking the elenchus*. Pennsylvania, Pennsylvania State University Press, 2002.

VAN ROSSEM Kristof, « Meeting Socrates. How to do Socratic consultations », *Philosophical Practice. Journal of the APPA*, March 2014, Nr. 9.1, p. 1344-51.

—, « La Vie approfondie. À propos du dialogue socratique », *Diotime. Revue internationale de didactique de philosophie,* 2009, p. 39.

—, « What is a Socratic dialogue ? », *Filosofie,* 1, 2006, p. 48-51.

VASILIOU Iakovos, *Aiming at virtue in Plato*, Cambridge, Cambridge University Press, 2007.

VLASTOS Gregory, *Socrates : Ironist and Moral philosopher*, Cambridge-New York-Melbourne-Cambridge University Press, 1991, trad. fr., Catherine Dalimier, *Socrate : ironie et philosophie morale*, Paris, Éditions Aubier-Montaigne, 1994.

EMOTIONS IN DIALOGUE. A NEW PROPOSAL: THE INTEGRAL SOCRATIC DIALOGUE

LAURA CANDIOTTO

From ancient to contemporary Socratic dialogue

Aristotle is known for his rhetoric theory and for analysing the relation between emotions and persuasion. Arguably, Plato was the first to explore and gain significant insights into this relation. For instance, Plato's *Sophist* 230b-230e5 (the «noble sophistry» passage) clearly shows the bond between the logical and the emotional level found in the Socratic *elenchus* (refutation) [1]. In order to be complete, the purification also needs a psychological agreement, which is the result of the collaboration with emotions, mainly shame [2].

Especially in the first platonic dialogues, Socrates does not only address the intellectual part of the soul of interlocutors, audience and public, but he also uses the emotional channel. This process takes place for various reasons: in the first place to orient the dialogue and to transmit a specific content to the public, but also to accompany the interlocutor through a real transformation of the self – a transformation with the power of engendering a new style of life.

1. L. Candiotto, «Purification through emotions. The role of shame in Plato's *Sophist* 230b4-e5», in J. Dillon, M. L. Zovko (ed.), *Bildung and paideia: Philosophical Models of Education*, special issue of the journal *Educational Philosophy and Theory*, Routledge, forthcoming.

2. L. Candiotto, «*Elenchos* public et honte dans la troisième partie du *Gorgias* de Platon», *Chôra. Revue d'études anciennes et médiévales*, 12, 2014, p. 191-212.

In other words, Plato elicits the collaboration of the rational and emotional spheres in order to urge citizens to pursue a philosophical style of life, changing, in this way, their modes of life, values, and role models.

Therefore, emotions allow the constitution of identity in the inter-subjective cognitive dimension alongside a transformation of the self[3]. This is possible thanks to their mediating character: emotions are not irrational aspects but the mediating instances between the irrational and the rational. In other words, they are crucial[4] for the harmonic well-being of the individual – and of the *polis* – which is in search of the right composition. When correctly oriented, emotions – thanks to the collaboration with the rational component – are the driving force that leads the soul to the discovery of the truth. If, however, emotions are corrupted and are not governed by the rational part of the soul, they lead the soul to commit the greatest misdeeds (in this perspective, the analysis of the soul of the tyrant carried out in the *Republic* is exemplar).

In this article, the theory of emotions in social cognition, which is presented only as a context of reference[5], is related to the wider political-pedagogical aim of Platonic philosophy, thus to the conviction that only true knowledge can lead the person to the good life. This interpretation of the role of emotions enables us to think of philosophy as a way of life, as a practice aiming at the transformation and improvement of both the philosopher and his context of life, thanks not only to « tools for thinking » but also to « tools for feeling ».

3. For a general interpretation of ancient philosophy that emphasizes the transformative aspect of philosophical practices, *cf.* P. Hadot, *Exercises spirituels et philosophie antique*, nouvelle édition revue et augmentée, Paris, Albin Michel, 2002; P. Hadot, *Qu'est-ce que la philosophie antique ?*, Paris, Gallimard, 1995; C. Horn, *Antike Lebenskunst : Glück und Moral von Sokrates bis zu den Neupaltonikern*, Munchen, C. H. Beck, 1998; A. Nehamas, *The Art of Living : Socratic Reflections from Plato to Foucault*, Berkeley, University of California Press, 1998. For an overview of the so-called « collective emotions », expecially regarding their role on the constitution of social identity, *cf.* C. Von Scheve, M. Salmela (ed.), *Collective Emotions. Perspectives from Psychology, Philosophy, and Sociology*, Oxford, Oxford University Press, 2014.

4. L. Mouze, « Les émotions dans la théorie esthétique et politique platonicienne », dans S. Roux (éd.), *Les émotions*, Paris, Vrin, 2009, p. 11-32; O. Renaut, *Platon, la médiation des émotions. L'éducation du thymos dans les dialogues*, Paris, Vrin, 2014; L. Candiotto, « La contemporaneità del dialogo socratico antico. Il ruolo delle emozioni », *Magazzino di filosofia. Quadrimestrale di informazione, bilancio ed esercizio della filosofia*, n° 23, anno VIII, 2013-2014, p. 103-117.

5. The theory of emotions in social cognition is the object of the research project (Emotions First. Feeling reasons : the role of emotions in reasoning) which I am currently carrying out, thanks to a grant from the EU Commission, as a Marie Curie Research Fellow, at the University of Edinburgh. For further details *Cf.* http ://www.emotionsfirst.org.

Towards an integral dialogue

Arguably, the reconstruction of these elements characterizing the ancient Socratic dialogue[6] is highly relevant for elaborating a model of contemporary Socratic dialogue. The strategic use of emotions in ancient Socratic dialogue[7] can arguably be transformed in a necessary component of the contemporary method, in order to enhance the participation of the persons involved in the dialogue, taking into account not only rational aspects, but also emotional and corporeal factors[8]. Obviously, there will be a substantial difference in the use of emotions : the asymmetry between Socrates and his interlocutors characterizing the ancient method will evolve, in the contemporary method, into a form of shared authority[9], aiming at empathy and recognition among the participants. In my opinion, this aspect responds not only to reasons which might appear as accessory, such as the necessity to establish a positive relational atmosphere among the participants, or to facilitate the possibility for everyone to be heard, but also to fundamental epistemic and ontological requirements. In fact, we can no longer think of truth as something separated from the subject experiencing it, as a « rational » theory unrelated to affective and biographical instances. The procedure itself, which is needed to achieve such knowledge, is and must be embedded and embodied. In order to grasp the importance of a common dialogical research for her/his life, the subject must be able to experience this whole process in first person both singular and plural (as « we intentionality ») [10].

6. In this paper I can not give a detailed account of them. Please *cf.* my book for a careful analysis of the Ancient Socratic Dialogue : L. Candiotto, *Le vie della confutazione. I dialoghi socratici di Platone*, Milano-Udine, Mimesis, 2012. For the meaning of dialogue in Plato's philosophy, *cf.* the two edited volumes : A. Bosch Veciana, J. Monserrat-Molas (ed.), *Philosophy and Dialogue. Studies on Plato's Dialogue* (I), Barcelona, Barcelonesa d'Edicions i Societat Catalana de Filosofia, 2007; *Philosophy and Dialogue. Studies on Plato's Dialogue* (II), Barcelona, Barcelonesa d'Edicions i Societat Catalana de Filosofia, 2010.

7. L. Rossetti, « La rhétorique de Socrate », dans G. Romeyer Dherbey, J.-B. Gourinat (éd.), *Socrate et les Socratiques*, Paris, Vrin, p. 161-185 ; L. Rossetti, *Le dialogue socratique*, Paris, Les Belles Lettres, 2011.

8. About the role of emotions in dialogical inquiry and learning settings, *cf.* L. Candiotto, « Emotions », M. Peters (ed.), *The Encyclopaedia of Educational Philosophy and Theory*, Spinger, 2016.

9. C. Zamboni, *Pensare in presenza. Conversazioni, luoghi, improvvisazioni*. Napoli, Liguori, 2009.

10. *Cf.* R. Màdera, L. V. Tarca, *Philosophy as Life Path*, Milano, IPOC, 2007; L. Candiotto, « La pratica filosofica come relazione integrale », *in* L. Candiotto, L. V. Tarca (a cura di), *Primum philosophari. Verità di tutti i tempi per la vita di tutti i giorni*, Milano-Udine, Mimesis, 2013, p. 17-22; L. Candiotto, « Comporre armonie. La cura delle relazioni nelle pratiche filosofiche integrali », *in* L. Candiotto, L.V. Tarca (a cura di), *Comunicare in*

It is for these reasons that I have been experimenting on a specific form of Socratic dialogue, which I define as « integral », for some years. Contemporary Socratic dialogue should assume an integral vision of philosophical practice, according to which emotions are not just considered as the antithesis of rationality but as elements constitutive of the human being, working constantly with reason in the various processes of research. This approach does not intend to neglect theoretical or rational aspects, but to enlighten the joint action of rationality and emotions in a type of philosophical enquiry that involves the whole phenomenological experience. Arguably, « integral » is a fundamental term which connects different features underpinning the effectiveness of Socratic dialogue. Integral is strictly connected to the word integrity, which defines something intact : in our case, the condition before the separation between rationality and emotions. In addition, the term is etymologically related to the adjective « entire » or whole, thus arguably specifying a conception of practice as something that does not only affect s/he who practices entirely, thus one's own totality, but also the context and the world, the totality of experience. In this sense, « integral » recalls the verb « to integrate », intended as the capacity to conjugate, wave together, put in relation elements which characterize the intersubjective dimension of the Socratic dialogue.

The ethics of Socratic dialogue

What suggestion is possible to offer to contemporary philosophical practices that use Socratic dialogue ?

Firstly, it is necessary to integrate emotional and rational aspects of the practice. Not only is this step necessary to operate in accordance with Socrates' and Plato's methods, but in particular since in this way, the practice can be stronger and more effective : more effective as it can involve the person in his « integrity », stronger as it can contrast the negative impact of some social and cultural scaffoldings. Today, more than ever in fact, emotional-affective aspects are used to inoculate socio-economical messages, often with relevant political outcomes [11]. Arguably, a philosophical critical thinking is necessary as it enables one to problematize the critical knots implied by such use of affectivity whilst proposing a

medicina. L'arte della relazione, Milano-Udine, Mimesis, 2014, p. 95-106. About the role of emotions in the « we intentionality », *cf.* M. Salmela, M. Nagatsu, « How does it really feel to act together ? Shared emotions and the phenomenology of we-agency », *Phenomenology and the Cognitive Science*, 15, 2016, p. 1-22.

11. *Cf.* J. Slaby, « Mind Invasion. Situated Affectivity and the Corporate Life Hack », *Frontiers in Psychology*, 7, 2016, p. 1-13.

global hermeneutic vision as instrument of analysis. Furthermore, a philosophical method unable to integrate the emotional level risks to lose effectiveness. Today, in fact, individuals have been educated by the *media* to a highly emotional mode of communication. If Philosophy is not able to use such a mode (obviously, not for commercial and political purposes, neither to exploit the virality of the so-called emotional contagion, but with ethical aims, even though they may be perceived as naive, such as the improvement of society), it risks to produce a scarcely understandable, self-referential discourse, unable to prompt the desire to search for a better mode of life in the contemporary subject.

Accordingly, Socratic dialogue, by taking into account the emotional channel, can propose to the participants' avenues of research to decode ideological scaffoldings, individuate other ethical modes of life, and invite the participants to actualize the solutions emerging as a result of the research. In fact, one main risk is that if the participants do not emotionally experience the solutions individuated through Socratic dialogue, they might lack the strength and determination to put them into practice. By drawing on the Greek meaning of the word «*pathos*», it is possible to point out how the body of the agents in the dialogue is taken into account, both in relation to emotions which are expressed through non-verbal languages, and from the perspective of the body that lives the experience, suffers, researches and achieves a specific knowledge [12]. In fact, emotions should not be considered only as a psychic phenomenon as some of the recent literature in philosophy of emotions is pointing out [13]. In Platonic philosophy they are expressed by *thymos*, a term that is associated with both breath and heart but, in Greek culture in general, is also connected to *pathos*. Conversely, the *pathein* does not refer to only the psychic domain, but also to the physical one. *Pathos* is therefore semantically connected not only to words such as «impression», «sensation», and «passion», but also to words such as «movement», «disposition», «relation», and «power». This aspect is central to understanding how, for Plato, using the emotional plane implied acting on the interlocutor in his entirety, thus on his style of life or – using a contemporary expression – on his experience.

From a methodological perspective and within the practice of Socratic dialogue, it can be arguably useful to introduce some elements of Augusto Boal's image theatre [14]. This allows sharing the narration of the exemplary

12. U. Curi, *Passione*, Milano, Raffaello Cortina Editore, 2013.

13. *Cf.* R. De Monticelli, *L'ordine del cuore. Etica e teoria del sentire*, Milano, Garzanti, 2003; G. Colombetti, *The Feeling Body: Affective Science Meets the Enactive Mind*, Cambridge (MA)-London, MIT Press, 2014.

14. A. Boal, *Teatro do Oprimido e outras poéticas políticas*, Rio de Janeiro, Civilização

experience at a wider and more emphatic level, and at the same time, to enact the transformation at the emotional and corporeal level. The transition from the verbal to the gestural is thus carried out through corporeal representations of conceptual images which, in turn, will be brought back on the verbal dimension. The relation between corporeal, emotional, and rational planes is thus woven within the fabric of the integral Socratic dialogue in all its phases.

Considering the Platonic position on the necessity to orientate affective dynamics, it is arguably crucial that the proponents of contemporary Socratic dialogues approach the method in its ethical dimension. Previously, I pointed out how, in the ancient Socratic dialogue, Socrates guided the dialogue asymmetrically, in order to lead the interlocutors to recognize their own errors and to question their mode of life. In the contemporary Socratic dialogue, the leader of the dialogue does not inherit Socrates' attitude, but acts as a facilitator. This is caused by a different conception of truth, dialogue, and method. It is not my intention to propose the establishment of a form of Socratic dialogue directed by a leader who aims to guide the participants towards her/his own truth; I suggest, however, that the person facilitating the dialogue should be a person who has worked to improve her/himself and who has developed an ethics strongly oriented towards the common good and solidarity. Accordingly, s/he will not orient the discussion but will be able to inspire the participants through her/his own example; furthermore, s/he will be in the position to problematize controversial assumptions if the dialogue unfolds in a direction which contrasts with her/his values. The appeal to problematization enables participants to learn from the dialogue itself, not to accept thesis as «given» positions which they do not share, and to act in conformity with their principles, whilst being ready to take into consideration – albeit critically – the principles proposed by the other participants in the dialogue.

Contemporary Socratic method does not aim at obtaining a unique truth valid for all participants, but it nevertheless requires the tension implied by the search for a collective truth, a truth which can be – notwithstanding differences – good and just for everyone. It should be a method which enables the collective intentionality, in contrast with both the possession of personal truths and an individualistic vision of society; a method according to which power and authority are shared and moved

Brasileira, 2005. For a comparison between the dialogical philosophical practices and the maieutics approach of the theatre of the oppressed, *cf.* L. Candiotto, *Essere in relazione. Verso una unità di sensibile e intelligibile, di teoria e pratica*, Bormio, Alpinia Editrice, 2007, p. 71-169.

by a joint commitment [15]. Not only Socrates, as in the ancient method, can invite the other to question her/himself, but all participants, being responsible not only for themselves but also for the whole group, can promote change [16].

FRIENDSHIP AND COMMUNITY : THE ROLE OF LOVE

Experiencing Socratic dialogue from the perspective of the living body's affective experience also implies experiencing it « integrally ». The research which is moved by love (*cf.* especially the *Phaedrus* and the *Symposium* of Plato) prompts participants not only to be more determined in their seeking, but also to establish an affective relation with the other participants for an affective joint commitment [17]. If we think about life in the Platonic Academy [18], we can imagine dialogues taking place daily among friends. Furthermore, by examining the *Seventh Letter*, it is possible to understand how, for Plato, philosophical action takes place within a social network where the example and teaching of only one person cannot be enough. Plato emphasizes how it is necessary that the entire community practices philosophy. Not only political action is supported by philosophy but philosophical knowledge itself as social cognition [19] necessitates the

15. About shared cognition and social knowledge, *cf.* B. Rimé, « The social sharing of emotional experience as a source for the social knowledge of emotion », in J.A Russell, J.-M. Fernández-Dols, A.S.R. Manstead, J.C. Wellenkamp (ed.), *Everyday conceptions of emotions. An introduction to the psychology, anthropology, and linguistics of emotion*, Dordrecht-Boston, Kluwer-Springer, 1995, p. 475-489.

16. This position is particularly emphasized in the German method, especially by Gustav Heckmann. *Cf.* L. Candiotto, « Socratic dialogue : a comparison between ancient and contemporary method », in M. Peters (ed.), *The Encyclopaedia of Educational Philosophy and Theory, op.cit.*; P. Dordoni, *Il dialogo socratico. Una sfida per un pluralismo sostenibile*, Milano, Apogeo, 2009. The role of emotions in the Socratic method has been emphasized by another member of the German method, Minna Specht. *Cf.* M. Specht, *Education for confidence. A school in exile*, London, New Education, 1944. My interpretation of her approach is presented in L. Candiotto, « Promuovere la fiducia nell'umanità durante il massacro. La resistenza dialogica di Minna Specht », *in* I. Adinolfi, L. Candiotto, L. Zagato (a cura di), *Il genocidio. Declinazioni e risposte di inizio secolo*, Torino, Giappichelli, 2016.

17. Margaret Gilbert has proposed the joint commitment account of collective emotions, stressing the emotional agreement involved in collective agency. *Cf.* M. Gilbert, *How we feel : understanding everyday collective emotion ascription*, in C. Von Scheve, M. Salmela (ed.), *Collective emotions, Perspectives from Psychology, Philosophy, and Sociology*, Oxford, Oxford University Press, 2014, p. 17-31.

18. E. Berti, *Sumphilosophein. La vita nell'Accademia di Platone*, Laterza, Roma-Bari, 2010; L. Candiotto, « Platone : la ricerca della verità nel dialogo », *in* L. Candiotto, L. V. Tarca (a cura di), *Primum Philosophari. Verità di tutti i tempi per la vita di tutti i giorni*, *op.cit.*, p. 61-74.

19. About the role of bodily interaction in the arising of social cognition, *cf.* H. De Jaegher, E. Di Paolo, S. Gallagher, « Can social interaction constitute social cognition ? », *Trends in*

participation of the entire community. Also, the aspect concerning the *theoria* refers to a domain which concerns the common, rather than the individual. In fact, Plato argues that philosophical knowledge is attained as a result of dialogues among friends who share a given form of life and who meet daily. Friendship is thus a condition that enables the dialogue to bring up a sudden knowledge which « lights up like a flame ».

In Socratic dialogue, friendship allows the dialogue to achieve its goal more easily: to improve the life of the participants and provide them with the possibility of grasping the truth. In my view, referring to friendship and affectivity is not detrimental to the correctness of scientific research. Caring for relations and for the other participants, beyond self-centred concerns, enables the dialogue to be a real shared experience, a proof for humanity that the most beautiful discoveries can be obtained together. Additionally, a method based on sharing induces research solutions which are shared as much as possible[20]. My analysis about Plato's account on emotions provides examples of it, in particular about love as emotional force that exceeds the individual borders, creating new dimensions of collective reasoning and emotional extended experience. I argue that sharing the love for the Truth during the performance of the dialogical method is the condition to grasp the ideas and that the performance is exactly the extension of the emotional power, the real fertile context that makes them effective[21].

As a result of the attention to affectivity mentioned above, the presentation of the example, which offers the starting point for the discussion, also poses particular emphasis on emotional aspects, feelings and dreams – instances that can subsequently be taken into account in the unfolding of the dialogue. As the person is invited to express her/his emotional experience, s/he can undertake an in-depth work on her/himself and develop the ability to perceive and acknowledge her/his emotions. Moreover, by listening to the emotions of others, participants can develop empathy and feel as part of a common research group.

Cognitive Science, 14, 2010, p. 441-447.

20. For a discussion of this topic in the medical context, *cf.* A. Bella, L. Candiotto, « La relazione nel dialogo. A partire da Socrate e Gregory Bateson », *in* L. Candiotto, L. V. Tarca (a cura di), *Comunicare in medicina. L'arte della relazione*, *op.cit.*, p. 114-122.

21. About the extended power of love within a relationship moved by trust and care, *cf.* L. Candiotto, « Extended affectivity as the cognition of primary intersubjectivity », *Phenomenology and Mind*, 11, 2016, Forthcoming.

WOMEN AND EMOTIONS: A FEMINIST SOCRATIC DIALOGUE?

Women's thought emphasized the necessity to recognize a fundamental role to emotions – a role which has been denied by centuries of domination by a masculine reason and truth, not only in epistemology but also, more in general, within the overall conception and experience of philosophy. Starting from this perspective, various female philosophers have worked for a reform of philosophy and its main goal, the truth. The model of Socratic dialogue I am proposing can be considered as a part of this line of thought: it can thus be defined as a «feminist Socratic dialogue», without obviously implying that this form of dialogue is a practice addressed only to women and conducted only by women. Moreover, as Socratic dialogue itself presents many elements that refer to femininity, it suffices to mention the conception of maieutics and the generation of knowledge as childbirth, and the role of Socrates as midwife. This does not imply reducing the feminine uniquely to the maternal role – notwithstanding its importance[22] – or juxtaposing the integral Socratic dialogue and gender stereotypes. The emotions characterizing the Socratic dialogue are not only those connected to the cultural model of the loving mother: the birth of knowledge is painful, it is engendered by shame, and the midwife uses violent and often humiliating strategies[23]. Therefore, it is not possible to immediately apply the ancient method in the contemporary world. In this perspective, Martha Nussbaum[24] focused on the analysis of shame and disgust in contemporary law, showing their destructive function and arguing that disgust has played a fundamental role in justifying group subordination (mainly of women, Jews and homosexuals), whilst shame, by attempting to inculcate humiliation, takes too broad a target and limits human freedom.

Which emotions can we deploy to promote a positive transformation of individuals and society? Which emotions favour the recognition of differences? For Nussbaum, «cultivating humanity» involves not only sympathy, imagination, and respect, but something closer to love. What does this practically mean? In *Political emotions*[25], the author recognizes compassion as one of the fundamental emotions that we need to nurture

22. S. Ruddick, *Maternal Thinking: Towards a Politics of Peace*, Boston, Beacon Press, 1989.

23. L. Rossetti, «Un Socrate che non ascolta: per esempio nell'*Eutifrone*», *Peitho. Examina Antiqua*, 1(2), 2011, p. 25-38.

24. M. Nussbaum, *Hiding From Humanity: Disgust, Shame, and the Law,* Princeton, Princeton University Press, 2004.

25. M. Nussbaum, *Political Emotions. Why Love Matters for Justice*, Cambridge (MA)-London, The Belknap Press of Harvard University Press, 2013.

in order to construct our humanity. From the perspective of Socratic dialogue, this might be intended as the necessity of transforming shame in a form of love for the other which, in its generative transformation, could endow the maieutic with a positive valence[26].

The work on the self promoted by the integral Socratic dialogue practiced in group takes on a dimension of care, oriented not only towards oneself, but also towards society. This ethical and political tension, which characterizes a great part of feminist thought, at the same time, enables us to posit the integral Socratic dialogue in the bosom of Plato's philosophy, in the space generated by its tension towards the Good and the Just. However, we should not forget the differences between the ancient method and the method I am proposing: Gilligan[27], for example, points out how the tension towards Justice is a characterizing element of male politics, in its propensity to normativity, while the policy of care and responsibility represents a feminine feature, which addresses the concrete situations of daily life. Mackay[28], discussing Gilligan's thesis and its interpretations, can be included among philosophers promoting a politics of care. She underlines a number of arguments demonstrating the strategic potentialities of a political version of the ethics of care. It is therefore important to emphasize the social dimension of Socratic dialogue as care, and to explain how the appeal to emotions does not represent a reduction of the dialogue to the private sphere. Emotions are also political and constitute the identity of the person by shaping the relational nexus with others and with the context. Moreover, if opportunely oriented, they can be instruments for creating a form of politics closer to the needs of people.

Conclusion

This work explored various differences between the ancient and contemporary method. This was not meant to reprove the use of Socratic dialogue in the contemporary world: on the contrary, I maintain that once aware of the differences, it is possible to use contemporary methodologies to « reinvent » the ancient method. I think that adapting the ancient method does not mean betraying it, but attempting to value and

26. About the connection between love and vulnerability, *cf.* L. Candiotto, « Essere chiamati dalla sofferenza. Etica della cura appassionata e vocazione vulnerabile », *in* L. Candiotto, L. V. Tarca (a cura di), *Le radici della scelta. La vocazione per la professione medica*, Milano-Udine, Mimesis, 2015, p. 39-51.

27. C. Gilligan, *In a Different Voice : Psychological Theory and Women's Development*, Cambridge (MA)-London, Harvard University Press, 1982.

28. F. Mackay, *Love and Politics. Women Politicians and the Ethics of Care*, London New York, Continuum, 2001.

use its fundamental assumption, namely the importance of common research. The fundamental behaviour required from all the participants is the willingness to think with others, rather than against them, to seek a shared knowledge in a consensus both argued and affectively charged. This philosophical practice can help to experience the beauty of researching, philosophically, with others, with the objective of finding points of convergence and closeness between the participants and to philosophically clarify aspects and sets of problems which characterize our daily life. The main goal of the dialogue is not the assumption to discover a unique and uncontroversial truth but the tension to enact one's capacity of critical thinking, to unmask the stereotypes and prejudices conditioning our lives, and eventually the possibility of approaching plural truths, which must always be open to further discussion. It is thus a practice centred on intellectual autonomy, an instance which is valid only if shared and tested in collective and intersubjective contexts. The communitarian dimension is fundamental in order to understand the intellectual autonomy as a potential which can serve others and society, rather than as an individualistic endeavour[29]. I think that, today, Socratic dialogue is crucial to develop an effective training approach[30]. Whilst it is necessary to be aware that applying the ancient method *tout court* would be anachronistic, we can nevertheless revitalize aspects of such method which can be relevant today. In my proposal of integral Socratic dialogue, I maintain the use of emotions characterizing the ancient method – an aspect which is often forgotten in rationalistic forms of Socratic dialogue. If well directed, emotions can engender knowledge's embodiment, bring to the identity of knowing and living so dear to the ancients, construct an authentic community of life and research among the epistemic agents.

In conclusion, I would like to reiterate that emphasizing the emotional aspects characterizing Socratic dialogue does not imply denying its rational aspects. Such aspects play a fundamental role in orientating the research and enabling the recognition of truth. I maintain, however, that –whether separated from the emotional sphere, they risk to produce a sterile form of research, unable to tap deep into the participants and thus to prompt life-changing choices. In other words, it is not my intention to downplay the value of the theoretical outcomes which can be obtained through the method of Socratic dialogue; I aim rather to underline how theoretical research, experienced as a shared effort within the dialogue, is

29. *Cf.* S. Sevenhuijsen, *Citizenship and the Ethics of Care : Feminist Considerations on Justice, Morality and Politics*, London, Routledge, 1998.

30. R. Saran, B. Neisser (ed.), *Enquiring Minds. Socratic Dialogue in Education*, Staffordshire, Trentham Books, 2004.

certainly a main and fundamental function for seeking an ethical mode of life, and I wish that this process can take place also in contemporary Socratic dialogue.

Bibliography

Bella Andrée, Candiotto Laura, «La relazione nel dialogo. A partire da Socrate e Gregory Bateson», *in* L. Candiotto, L.V. Tarca (a cura di), *Comunicare in medicina. L'arte della relazione*, Milano-Udine, Mimesis, 2014, p. 114-122.

Berti Enrico, *Sumphilosophein. La vita nell'Accademia di Platone*, Roma-Bari, Laterza, 2010.

Boal Augusto, *Teatro do Oprimido e outras poéticas políticas*, Rio de Janeiro, Civilização Brasileira, 2005.

Bosch Veciana Antoni, Monserrat-Molas Josep (ed.), *Philosophy and Dialogue. Studies on Plato's Dialogue*, Barcelona, Barcelonesa d'Edicions i Societat Catalana de Filosofia, (I) 2007, (II) 2010.

Brisson Luc, «L'intériorité chez Platon», dans G. Aubry, F. Ildefonse (éd.), *Le moi et l'intériorité*, Paris, Vrin, 2008, p. 269-276.

Candiotto Laura, «Comporre armonie. La cura delle relazioni nelle pratiche filosofiche integrali», *in* L. Candiotto, L.V. Tarca (a cura di), *op. cit.*, p. 95-106.

—, «*Elenchos* public et honte dans la troisième partie du *Gorgias* de Platon» , *Chôra. Revue d'études anciennes et médiévales*, 12, 2014, p. 191-212.

—, «Emotions», in M. Peters (ed.), *Encyclopedia of Educational Philosophy and Theory*, Springer, 2016.

—, «Essere chiamati dalla sofferenza. Etica della cura appassionata e vocazione vulnerabile», *in* L. Candiotto, L.V. Tarca (a cura di), *Le radici della scelta. La vocazione per la professione medica*, Milano-Udine, Mimesis, 2015, p. 39-51.

—, *Essere in relazione. Verso una unità di sensibile e intelligibile, di teoria e pratica*, Bormio, Alpinia Editrice, 2007.

—, «La contemporaneità del dialogo socratico antico. Il ruolo delle emozioni», *Magazzino di filosofia. Quadrimestrale di informazione, bilancio ed esercizio della filosofia*, VIII, 23, 2013-14, p. 103-117.

—, «La pratica filosofica come relazione integrale», *in* L. Candiotto, L.V. Tarca (a cura di), *Primum philosophari. Verità di tutti i tempi per la vita di tutti i giorni*, Milano-Udine, Mimesis, 2013, p. 17-22.

—, *Le vie della confutazione. I dialoghi socratici di Platone*, Milano-Udine, Mimesis, 2012.

—, « Platone: la ricerca della verità nel dialogo », *in* L. Candiotto, L.V. Tarca (a cura di), *Primum philosophari. Verità di tutti i tempi per la vita di tutti i giorni*, Milano-Udine, Mimesis, 2013, p. 61-74.

—, « Promuovere la fiducia nell'umanità durante il massacro. La resistenza dialogica di Minna Specht », *in* I. Adinolfi, L. Candiotto, L. Zagato (a cura di), *Il genocidio. Declinazioni e risposte di inizio secolo,* Torino, Giappichelli, 2016.

—, « Purification through emotions. The role of shame in Plato's *Sophist* 230b4-e5 », in J. Dillon, M. L. Zovko (ed.), *Bildung and paideia: Philosophical Models of Education,* special issue of the journal *Educational Philosophy and Theory*, London, Routledge, forthcoming.

—, « Socratic dialogue : a comparison between ancient and contemporary method », in M. Peters (ed.), *The Encyclopaedia of Educational Philosophy and Theory*, Spinger, 2016.

Colombetti Giovanna, *The Feeling Body: Affective Science Meets the Enactive Mind*, Cambridge, (MA)-London, MIT Press, 2014.

Curi Umberto, *Passione,* Milano, Raffaello Cortina Editore, 2013.

De Jaegher Hanne, Di Paolo Ezequiel, Gallagher Shaun, « Can social interaction constitute social cognition ? », *Trends in Cognitive Science*, 14, 2010, p. 441-447.

De Monticelli Roberta, *L'ordine del cuore. Etica e teoria del sentire*, Milano, Garzanti, 2003.

Dordoni Paolo, *Il dialogo socratico. Una sfida per un pluralismo sostenibile*, Milano, Apogeo, 2009.

Gilbert Margaret, « How we feel : understanding everyday collective emotion ascription », in C. Von Scheve, M. Salmela (ed.), *Collective emotions, Perspectives from Psychology, Philosophy, and Sociology*, Oxford, Oxford University Press, 2014, p. 17-31.

Gilligan Carol, *In a Different Voice: Psychological Theory and Women's Development*, Cambridge (MA)-London, Harvard Univ. Press, 1982.

Hadot Pierre, *Exercises spirituels et philosophie antique*, Paris, Albin Michel, 1981.

—, *Qu'est-ce que la philosophie antique ?*, Paris, Gallimard, 1995.

Horn Cristoph, *Antike Lebenskunst: Glück und Moral von Sokrates bis zu den Neupaltonikern*, Munchen, C. H. Beck, 1998.

Mackay Fiona, *Love and Politics. Women Politicians and the Ethics of Care*, London-New York, Continuum, 2001.

Màdera Romano, Tarca Luigi Vero, *Philosophy as Life Path*, Milano, IPOC, 2007.

MOUZE Laetitia, « Les émotions dans la théorie esthétique et politique platonicienne », dans S. Roux (éd.), *Les émotions*, Paris, Vrin, 2009, p. 11-32.

NEHAMAS Alexander, *The Art of Living: Socratic Reflections from Plato to Foucault*, Berkeley, University of California Press, 1998.

NUSSBAUM Martha, *Hiding From Humanity: Disgust, Shame, and the Law,* Cambridge (MA)-London, Princeton University Press, 2004.

—, *Political Emotions. Why Love Matters for Justice*, Cambridge (MA)-London, The Belknap Press of Harvard University Press, 2013.

RENAUT Olivier, *Platon, la médiation des émotions. L'éducation du* thymos *dans les dialogues*, Paris, Vrin, 2014.

RIMÉ Bernard, « The social sharing of emotional experience as a source for the social knowledge of emotion », in J.A. Russell, J.-M. Fernández-Dols, A.S.R. Manstead, J.C. Wellenkamp (ed.), *Everyday conceptions of emotions. An Introduction to the psychology, anthropology, and linguistics of emotion*, Dordrecht, Kluwer, 1995, p. 475-489.

ROSSETTI Livio, « La rhétorique de Socrate », dans G. Romeyer Dherbey, J.B. Gourinat (éd.), *Socrate et les Socratiques,* Paris, Vrin, 2001.

—, *Le dialogue socratique*, « Encre marine », Paris, Les Belles Lettres, 2011.

—, « Un Socrate che non ascolta: per esempio nell'*Eutifrone », Peitho. Examina Antiqua*, 1(2), 2011, p. 25-38.

RUDDICK Sara, *Maternal Thinking: Towards a Politics of Peace*, Boston, Beacon Press, 1989.

SALMELA Mikko, NAGATSU Mikiru, « How does it really feel to act together? Shared emotions and the phenomenology of we-agency », *Phenomenology and the Cognitive Science,* 15, 2016, p. 1-22.

SALMELA Mikko, VON SCHEVE Christian (ed.), *Collective Emotions. Perspectives from Psychology, Philosophy, and Sociology*, Oxford, Oxford University Press, 2014.

SARAN Rene, NEISSER Barbara (ed.), *Enquiring Minds. Socratic Dialogue in Education,* Staffordshire, Trentham Books, 2004.

—, *Philosophy in dialogue. Plato's Many Devices*, Pennsylvania University Park, Pennsylvania State University Press, 2007.

SEVENHUIJSEN Selma, *Citizenship and the Ethics of Care: Feminist Considerations on Justice, Morality and Politics*, London, Routledge, 1998.

ZAMBONI Chiara, *Pensare in presenza. Conversazioni, luoghi, improvvisazioni*, Napoli, Liguori, 2009.

ENJEUX POLITIQUES DE L'IGNORANCE POUR LES NOUVELLES PRATIQUES PHILOSOPHIQUES

ANNE HERLA ET GAËLLE JEANMART

SOCRATE, MAÎTRE ÉMANCIPATEUR OU FIGURE DE L'ABRUTISSEMENT ?

Penseur incontournable de l'histoire de la philosophie et référence ultime pour les « nouvelles pratiques philosophiques », la figure de Socrate semble s'imposer tout naturellement comme trait d'union dans un colloque qui vise à faire se rencontrer « académiques » et « praticiens ». Encore faut-il s'entendre sur le Socrate dont on parle.

Du côté des Nouvelles Pratiques Philosophiques (désormais abrégées en NPP), les affinités revendiquées avec la pensée socratique reposent sur deux représentations dominantes de celle-ci. D'une part, il s'agit d'une philosophie du dialogue, qui a choisi l'oralité et conteste le lien nécessaire entre philosophie et écriture (ou lecture) dans lequel la tradition académique s'est tout entière engouffrée. D'autre part, cette philosophie se fonde sur l'affirmation d'une certaine ignorance comme source de la recherche : c'est parce que « je sais que je ne sais pas », posture qui définit la docte ignorance de Socrate, que je peux me mettre en quête de la vérité dans un dialogue avec l'autre. Cette quête procède suivant une méthode de réfutation (*elenchus*) des opinions censée mener chacun à un examen de sa propre vie, but suprême puisque, selon Socrate, « une vie sans examen ne vaut pas d'être vécue » (*Apologie de Socrate*, 38a). Pour les NPP, le dialogue est alors l'instrument crucial de cette remise en question, l'ignorance étant présentée comme simple impulsion à la réflexion, sans que son statut ne soit davantage explicité.

C'est pourtant bien la question de l'ignorance qui va ici retenir toute notre attention. Nous souhaitons en effet nous saisir de la question de l'ignorance de Socrate – et non pas tant de ses interlocuteurs – afin d'interroger les dimensions éthiques et politiques de la méthode socratique : quels enjeux éthiques et politiques peut-il donc bien y avoir à cette posture de maître ignorant qu'adopte Socrate ? De quelle façon cette posture est-elle source d'émancipation pour tous ?

Penser un Socrate émancipateur suppose, d'après nous, une approche critique de la figure traditionnelle de Socrate, celle issue des textes de Platon, celle-là même qui est la plus souvent revendiquée par les praticiens en NP. Nous partons en effet d'une théorie de l'émancipation, celle de Rancière, qui s'oppose frontalement à l'art du questionnement représenté par le Socrate de Platon, en particulier parce qu'elle conçoit tout différemment *l'ignorance* du maître. Notre démarche se veut ici d'une certaine façon elle-même politique, s'intéressant moins à l'exactitude historique, qu'à l'efficacité critique de personnages conceptuels comme le « maître ignorant » de Rancière, confronté au Socrate « docte ignorant » issu des dialogues de Platon. Par cette confrontation, nous voulons soulever la question des conditions de l'accès à la philosophie via le dialogue philosophique : une philosophie populaire est-elle possible ? Et quelles sont les postures du maître qui en assurent la possibilité ? Les NPP, qui se placent volontiers dans la lignée du Socrate platonicien, n'auraient-elles pas tout intérêt à s'approprier des figures socratiques plus aptes que celle de Platon à stimuler une pratique véritablement démocratique de la philosophie ?

Socrate, la philosophie et le peuple

Socrate n'a rien écrit ; c'est donc à travers les portraits que les autres en tracent qu'il faut recomposer son visage. Or, les « figures de Socrate » [1], images d'un original effacé, sont multiples : le Socrate de Xénophon est sensiblement différent de celui de Platon, lequel s'oppose sur certains aspects au Socrate d'Antisthène. Les héritages multiples de Socrate, depuis les premiers cyniques jusqu'aux Nouvelles Pratiques de dialogues socratiques, contribuent à rendre plus floue et incertaine encore l'image de Socrate, tant sont nombreux ceux qui s'en réclament, pour des motifs divers.

Antisthène et les cyniques ont ainsi fait de Socrate un philosophe populaire, pour qui la conversation dialectique devient objet d'enseignement

1. Tel est le titre du premier numéro thématique de la Revue *Philosophie antique* : *Philosophie antique*, 1, 2001 (numéro thématique : « Figures de Socrate »).

public, et la vertu, fruit d'une ascèse, est considérée comme assimilable par les hommes du peuple. Pour peu qu'ils s'y attellent, tous les hommes peuvent atteindre la vertu et faire de la philosophie. Socrate à l'Agora, ce serait pour nous ce Socrate-là, philosophe public, adressant ses questions sans concession à n'importe quel passant et visant ainsi son émancipation à travers une recherche commune de vérité. Mais cette démocratisation de la philosophie, souvent perçue comme scandaleuse, est loin de faire l'unanimité.

La lecture que propose Jacques Rancière du Socrate de Platon nous éclaire sur une autre « figure » possible de Socrate, opposée à la figure cynique par son caractère anti-démocratique et anti-populaire[2]. Rancière parcourt l'œuvre de Platon – et en particulier la *République* et le *Ménon* – pour montrer comment la philosophie (incarnée ici dans le personnage de Socrate) n'a cessé, dès ses débuts, d'instaurer une ligne de partage entre les hommes du peuple, ignorants fascinés par les apparences des choses, et les philosophes, seuls détenteurs du savoir et de la vertu. Il montre comment ce partage, à l'image de celui qui s'effectue dans la cité entre les trois classes, est une véritable assignation, un *interdit* qui est fait au peuple : « à la philosophie vous ne toucherez pas ».

Cet interdit se cache derrière une fiction. Platon utilise ce qu'il nomme lui-même un « beau mensonge », censé faire accepter l'ordre sans prétendre le justifier ou l'expliquer :

> Vous tous qui êtes dans la cité êtes frères, leur dirons-nous dans notre histoire, mais le dieu qui vous a façonnés a mêlé de l'or dans la composition de ceux qui sont aptes au commandement et qui sont aussi les plus précieux. À celle de défenseurs il a mêlé de l'argent ; tandis que le fer et l'airain sont pour les laboureurs et les autres artisans [3].

Le philosophe appartient à la catégorie la plus noble de toutes en tant qu'il assume la double tâche de gouverner (ou d'assister le gouvernant) et de contempler les essences. Il y aurait ainsi des « natures » propres à la philosophie et d'autres propres au travail, à la technique. Les corps eux-mêmes en porteraient les marques. Et chacun se devrait de rester à sa place, la place pour laquelle il est taillé. Les pires ennemis de la philosophie seraient alors les « parvenus », ceux qui prétendent sortir de leur « affaire propre » pour faire autre chose (comme le forgeron épris de philosophie) ou pour singer les philosophes (comme les imitateurs que sont les sophistes).

2. J. Rancière, *Le philosophe et ses pauvres*, chapitre prmier : « Le mensonge de Platon », « Champs », Paris, Flammarion, 2007, p. 17-88.

3. Platon, *République*, III, 415a, cité par J. Rancière, *op.cit.*, p. 38.

Sous cet angle, Antisthène est probablement l'ennemi numéro un pour Platon : celui qui fait croire au peuple qu'il est capable d'atteindre la vertu simplement par un travail d'ascèse, une « gymnastique » de l'âme (une « gymnastique sans musique », dira Platon). Aux yeux de Platon, ce sont là de simples techniques pour les pourceaux ! La philosophie n'est pas réductible à une technique d'hygiène morale, comme une médecine ou une thérapie. Elle ne peut dans aucun cas être détachée de la science du bien et du mal, que seul atteint le philosophe véritable. Or, Antisthène non seulement s'assume comme ignorant, mais, pire que cela, il prône une sorte d'*amathia* : il ne veut rien savoir de la science, et se considère d'ailleurs en cela comme un digne héritier de Socrate. Cette morale ascétique, coupée de l'initiation à la science, est pure duperie pour Platon. Cette prétention à donner la philosophie à tous, qui fait valoir la simplicité de l'activité philosophique, est en pleine opposition avec les hiérarchies instaurées par Platon, et doit être combattue comme la pire des sophistiques, celle qui s'allie au peuple pour défaire les partages fondateurs de la société (dont celui qui distingue les philosophes du reste du peuple). Pour Platon-Socrate, en mettant la philosophie dans les mains du peuple, en son pouvoir, Antisthène fait le jeu de la démocratie corrompue et du capitalisme d'Anytos, et fait déchoir la philosophie. Cela en devient de l'antiphilosophie.

Que fait Platon (et son Socrate) des ignorants ? Platon préfère de loin les ignorants qui restent à leur place aux ignorants qui tentent d'imiter les savants. Deux passages importants de la *République* et du *Ménon* concernant le rapport du philosophe à l'ignorance nous éclairent sur ce point :

1. Dans la Caverne, le philosophe choisit l'élu qu'il guidera de force hors de la caverne symbolisant le règne de l'illusion et de l'ignorance non consciente d'elle-même. C'est lui qui décide de l'accès ou non à la philosophie, et non les « prisonniers » qui décident de sortir ou pas. Ce n'est pas une question d'aspiration personnelle, ou de vocation, mais bien d'élection et de contrainte. Le philosophe force à voir la vérité. Il s'agit bien ici d'un accès au savoir, mais certainement pas d'une émancipation.

2. L'interrogatoire du jeune Ménon témoigne que la science est possible (même pour les esclaves), mais c'est la dialectique réservée au philosophe qui en ouvre l'accès. Le philosophe est celui qui peut non pas transmettre (il n'y a rien à transmettre, tout est déjà là), mais faire en sorte que le jeune esclave se souvienne des idées innées inscrites en lui. Une fois la démonstration faite, l'esclave est renvoyé à son néant, à sa vie d'esclave. Ce n'est pas l'émancipation de l'esclave qui compte ici, mais la démonstration de l'efficacité de la dialectique du philosophe.

Ces deux textes illustrent bien les fondements du socratisme platonicien selon Rancière : l'inégalité des natures, la division entre ignorant et philosophe, l'usage autorisé de la contrainte du maître sur l'élève, la haine de la démocratie considérée comme règne de l'ignorance et le mépris pour le peuple qui en découle.

RANCIÈRE : EXPLIQUER OU ÉMANCIPER, IL FAUT CHOISIR

Le maître ignorant de Rancière nous rend attentif au mépris larvé véhiculé par cette posture qui ne cesse de réaffirmer une césure entre philosophes et non-philosophes, posture avec laquelle il est plus difficile de rompre qu'on ne l'imagine. Nous vous proposons de plonger dans la théorie de l'émancipation de Rancière pour aiguiser le regard des praticiens de la philosophie que nous sommes sur les résurgences du mépris platonicien du peuple dans nos propres pratiques.

Le maître ignorant part d'une expérience pédagogique qui a déterminé la réflexion pédagogique de Joseph Jacotot, un pédagogue français du XIXe siècle. Lecteur de littérature française à l'université de Louvain en 1818, ce dernier est confronté à de nombreux étudiants néerlandophones. Il leur fait transmettre une édition bilingue du *Télémaque* de Fénelon et leur demande d'apprendre par eux-mêmes le texte français en s'aidant de la traduction en leur donnant comme instruction de le répéter assez souvent pour être capables de le raconter. Les étudiants vont donc chercher seuls les mots français correspondant aux mots flamands et apprendront à les combiner de façon à former des phrases correctes. Jacotot est stupéfait par le résultat : ainsi laissés à eux-mêmes, les étudiants se montrent capables d'exprimer ce qu'ils pensent de ce qu'ils ont lu. Ils ont appris à s'exprimer en français en utilisant cette intelligence que tout homme utilise dans des circonstances où il a besoin de s'approprier un savoir et où il ne trouve personne pour lui faciliter la tâche en lui expliquant : en observant, en comparant, en avançant par essais et erreurs.

Jacotot conclut de cette expérience qu'on a tort de considérer que le rôle de l'enseignant est d'élever progressivement le niveau de connaissances des élèves en les menant du plus simple au plus complexe grâce à ses explications, mais qu'en fait tout être humain est capable d'apprendre et de comprendre par lui-même *sans explication*. L'explication, qui est la méthode classique de l'école, est elle-même nocive parce qu'elle introduit en réalité une rupture dans la vie d'une intelligence : quand les enfants qui ont jusque là appris seuls rentrent dans un processus d'apprentissage à l'école, tout se passe comme s'ils ne faisaient plus fonctionner la même intelligence que celle qui leur a permis d'apprendre à parler, ou même à marcher, dans un rapport autonome de vérification. L'école semble véhiculer cette croyance : l'enfant ne peut pas comprendre sans l'explication du maître. Il a désormais besoin d'être assisté par une autre intelligence.

Le principe d'explication devient alors aux yeux de Jacotot le principe d'abrutissement : on abrutit l'élève en lui laissant entendre qu'il a besoin d'explications, donc qu'il ne peut comprendre par lui-même. Le mythe de l'explication ruine l'autonomie parce qu'elle distingue l'intelligence inférieure et supérieure. Dès que le monde de l'intelligence est ainsi partagé, l'intelligence ne fonctionne plus de manière autonome. L'inférieur attend du supérieur la réponse ou l'explication, la révélation d'un savoir ou d'une science. L'explication n'est pas un remède à l'incompréhension, c'est l'incompréhension qui est la fiction structurante de la conception explicatrice du monde. Ainsi demander plus d'explications, ce n'est pas comprendre moins vite, c'est être piégé par le dispositif explicatif : sachant qu'on leur donnera ces explications, certains ne font pas l'effort de chercher par eux-mêmes. Ils n'ont pas moins de capacités intellectuelles que les autres mais sont soit plus paresseux soit moins confiants dans leurs capacités à trouver ; ce qu'ils manifestent semble alors moins intelligent et finit par le devenir.

Cette égalité n'est pas voulue ou espérée, mais *postulée*. Ce n'est donc ni une conviction de droite – qui comprendrait le refus au moins implicite du principe d'égalité – ni une position de gauche – qui ferait de l'égalité un programme. Ce n'est pas le désir de l'égalité, mais les conséquences (émancipatrices) de son postulat qui intéressent Rancière. On ne peut d'ailleurs pas prouver l'égalité de départ des intelligences, puisqu'on ne mesure l'intelligence qu'à ses effets. Si l'on part du postulat de l'égalité des capacités intellectuelles à la naissance, on peut expliquer le développement inégal des mêmes capacités en fonction de différents facteurs comme le besoin, la stimulation, la volonté entraînant à leur tour une différence d'attention ou d'effort qui entraîne très vite une inégalité de performances, qui vient confirmer à son tour le manque de motivation ou d'effort – ce que Rancière nomme « le cercle de l'impuissance ». Or, ce que permet l'hypothèse de l'égalité, c'est très précisément de sortir de ce cercle. En brisant la croyance en l'inégalité, on relève ceux qui se croient inférieurs en intelligence. Par ce simple postulat, le maître accomplit sa mission fondamentale d'émancipation. C'est qu'il a la conviction que l'élève peut apprendre seul et qu'il l'oblige à actualiser sa puissance. Ce qui fonde cette conviction émancipatrice, c'est l'expérience personnelle : parce qu'il a conscience d'avoir lui-même appris beaucoup sans explication, il croit que l'élève le peut aussi. Le maître doit donc être lui-même émancipé : il doit croire au pouvoir de l'intelligence qui ne se sous-estime pas. Et l'enjeu majeur de l'éducation, qui définit très précisément cette émancipation, c'est de donner à l'élève la même conscience de ce que peut une intelligence quand elle se considère comme égale aux autres. Au terme de cette éducation, on ne dira pas qu'on sait, mais on saura qu'on peut, dans l'ordre intellectuel, tout ce que peut une intelligence confiante.

Le rapport d'intelligence à intelligence est ainsi dépris de la position d'autorité que le savoir confère habituellement aux maîtres. Le titre, *Le maître ignorant,* fait signe vers cela. Mais qu'est-ce au juste qu'ignorer ? C'est une position qui reconnaît l'existence de réponses multiples aux questions de sens, une position où le maître ne transmet pas du savoir, une posture où la vérification ne porte pas sur ce qu'a trouvé l'élève mais sur l'effort pour chercher et sur la procédure.

L'autorité du maître ne tient pas à un savoir ou une compétence rationnelle supérieure qui demandent à être suivis ; mais elle n'est pas absente pour autant. Rancière distingue le rapport d'intelligence à intelligence qui doit être libre, du rapport de volonté à volonté, où s'exerce l'autorité du maître et il reproche à l'exercice habituel de l'autorité d'être une confusion de ces rapports. Le premier rôle du maître est de relever ceux qui se pensaient inférieurs en intelligence par sa croyance en l'égalité des intelligences. Le second rôle est de contraindre à l'attention et à l'effort de concentration une intelligence qui ne peut que si elle veut. C'est que, pour Rancière, l'intelligence apparaît comme un effet de l'exercice de la volonté : « L'intelligence est attention et recherche avant d'être combinaison d'idées »[4]. L'attention est ainsi, avec la confiance, ce qui fonde l'émancipation et ce qui suffit à expliquer les inégalités des productions des élèves dans le système scolaire. Ces deux rôles du maître se rejoignent. L'autorité du maître ne consiste pas à contraindre une autre volonté : il faut que l'autre veuille. On ne transmet pas un savoir, mais une volonté. Et transmettre une volonté, c'est précisément transmettre l'opinion de l'égalité. L'autorité du maître, c'est le côté intraitable et responsabilisant de la question qu'il adresse à son élève : est-ce que tu veux consacrer ton intelligence à te prouver que tu es incapable et inférieur ou à te prouver que tu es capable et égal au maître et à tout autre ? L'autorité du maître, c'est de démasquer dans la phrase « je ne peux pas » la logique inégalitaire intégrée par l'ignorant.

4. J. Rancière, *Le maître ignorant*, « 10/18 », Paris, UGE, 1987, p. 92.

Socrate, maître explicateur : le comble de l'abrutissement

Si l'analyse que propose Rancière de l'expérience de Jacotot concerne *a priori* toute personne placée en situation d'enseignement, elle s'applique tout particulièrement bien aux philosophes, qui, de Platon à Bourdieu, n'ont cessé d'adopter la posture du maître en surplomb, portant bien souvent à son comble la logique inégalitaire[5]. Socrate n'en est qu'une déclinaison parmi d'autres, mais néanmoins emblématique.

Ainsi dans l'œuvre de Platon, il se présente volontiers comme celui qui sait qu'il ne sait pas[6], comme le non-expert, comme une personne « pour ainsi dire, dépourvue de tout savoir ». Dans le *Théagès*, dialogue aprocryphe, Socrate tente de décourager un jeune homme attiré par la politique de devenir son élève en soutenant qu'il ne lui apprendra probablement rien, car il ne s'y connaît pas, n'est expert qu'en une seule chose : l'amour[7] ! Tout ce qu'il peut apporter à ses interlocuteurs, c'est un éclairage sans concession sur leurs limites : par *l'elenchos*, Socrate ouvre les yeux de tous ceux qui croient savoir sur leur ignorance, ou du moins sur leur incohérence.

En réalité, Socrate se place toujours *en surplomb*. Même s'il fait celui qui ne sait pas, il en sait toujours un peu plus que l'autre, ne fût-ce que le fait que cet autre est ignorant. Et il le mène, discrètement, par ses interrogations, aux réponses qu'il connaît déjà et qu'il attend. En cela, il est, pour Rancière, le *maître explicateur* par excellence : il interroge pour instruire, et non pour être instruit. Il oublie de questionner à la manière des hommes et non des savants : pour s'instruire lui-même. Et dès lors, pour Rancière, il ne peut pas être un maître émancipateur. Le socratisme est au contraire pour lui une forme perfectionnée - larvée - de l'abrutissement, cette manière d'assigner l'autre à sa condition d'ignorant et au sentiment d'impuissance qu'elle génère. Alors, si ce Socrate platonicien est une figure de l'ignorance, c'est plutôt d'une *docte* ignorance en ceci qu'elle reconduit une hiérarchie, là où l'ignorance émancipée et émancipatrice de Rancière, reposant sur la conviction de l'égalité, produit une intelligence confiante.

Jacotot l'avait bien perçu lui-même, puisqu'il décrit Socrate comme un « maître de manège » :

> Il commande les évolutions, les marches et les contre-marches. Quant à lui, il a le repos et la dignité du commandement pendant le manège de

5. Voir l'ensemble de l'analyse proposée par J. Rancière dans *Le philosophe et ses pauvres*, *op.cit*.

6. Platon, *Apologie de Socrate*, 29b, trad. fr. par L. Brisson, dans L. Brisson (éd.), Platon, *Œuvres complètes*, Paris, Flammarion, 2008.

7. Platon, *Théagès*, 128b, trad. fr. par L. Brisson, dans Platon, *Œuvres complètes*, *op.cit*.

> l'esprit qu'il dirige. De détours en détours, l'esprit arrive à un but qu'il n'avait même pas entrevu au moment du départ. Il s'étonne de le toucher, il se retourne, il aperçoit son guide, l'étonnement se change en admiration et cette admiration l'abrutit. L'élève sent que, seul et abandonné à lui-même, il n'eût pas suivi cette route [8].

Ainsi, quand il interroge l'esclave dans le *Ménon*, c'est pour arriver à un savoir mathématique enfoui, aucunement pour l'émanciper. Socrate guide l'esclave comme un aveugle, démontrant par là non seulement le savoir qui préexiste dans l'esclave, mais aussi son impuissance à y accéder par lui-même et son impossible autonomie.

Socrate, derrière sa prétendue modestie, est en réalité convaincu d'être un être supérieur, élu par la divinité, qui n'a rien à apprendre des imbéciles que sont les gouverneurs Anytos et Mélétos, ou des orateurs du tribunal lors de son procès, ou encore moins des hommes du peuple. Socrate croit à l'oracle delphique : il pense avoir reçu un don particulier qui le place *à part dans l'humanité*; il croit à son génie. Il n'a que mépris pour ceux qui ne sont pas « inspirés » comme lui. Et dans ces conditions, Socrate ne peut (ni ne veut) émanciper personne. Dans le *Théagès*[9], Socrate raconte lui-même que son élève Aristide, qui avait pourtant bien progressé à son contact, avait perdu tout son savoir à peine l'avait-il quitté, et avait ainsi eu « honte de sa nullité » :

> Avant de m'embarquer, j'étais capable de discuter avec n'importe qui et ne paraissais inférieur à personne en ce domaine. Alors je recherchais la société des gens les plus distingués. Mais à présent c'est tout le contraire. Je fuis quiconque m'apparaît être un homme éduqué, tant j'ai honte de ma nullité [10].

Les progrès de l'élève sont comme un effet magique qui ne dure que le temps où l'on reste en contact (rapproché, si possible) avec le maître, et disparaît à peine le quitte-t-on d'une semelle – comble de la dépendance et défaut complet d'émancipation [11]. En réalité, la philosophie ne s'apprend pas, c'est un don dont on dispose naturellement ou pas.

8. J. Jacotot, *Droit et philosophie panécastique*, Paris, H.-V. Jacotot, 1852, p. 42, cité par J. Rancière dans *Le maître ignorant*, *op.cit.*, p. 101.

9. La question de l'authenticité de ce dialogue – qui n'a probablement pas été écrit par Platon – ne nous intéresse guère dans la mesure où ce sont les profils de Socrate que nous cherchons et non une quelconque exactitude de ces profils. Ce sont les usages émancipants ou non de Socrate que nous interrogeons ici.

10. Platon, *Théagès*, 130c, trad. fr. par L. Brisson, dans Platon, *Œuvres complètes*, *op.cit.*

11. Platon, *Théagès*, 130d : Aristide à Socrate : « Je n'ai jamais rien appris de toi, comme tu le sais bien. Pourtant je faisais des progrès quand j'étais en ta compagnie [...] », 130e : Socrate à Théagès : « S'il plaît au dieu, tu feras des progrès considérables et rapides ; sinon, ce ne sera pas le cas » (130e).

« Socrate à l'Agora » : voilà donc un titre à problématiser, comme il faut finalement problématiser l'héritage socratique des NPP en marquant un écart par rapport au Socrate de Platon, qui est la figure à laquelle ces NPP s'accrochent pourtant majoritairement, sinon même uniquement. Une contre-histoire de la philosophie serait utile pour éclairer cet impensé et ouvrir des possibilités de se revendiquer d'héritages plus cohérents, plus fondés, parce que davantage dans l'esprit « démocratique » de ces nouvelles pratiques. Nous pensons ici, par exemple, au Socrate « furieux » d'Antisthène et des cyniques.

La philosophie avec les enfants : police ou politique ?

À travers ces visages contrastés de Socrate, la question qui nous paraît essentielle pour les nouvelles pratiques de la philosophie est celle des lignes de partages tracées, souvent implicitement, entre ignorant et savant, philosophe et non-philosophe, enfant et adulte, apprenant et enseignant, philosophie académique et philosophie « pour tous ». On peut considérer, avec Rancière, que ces partages constituent, dans chaque société, une certaine *police,* qui assigne à chacun sa place en rendant légitimes certaines prises de parole et en renvoyant les autres dans le registre du simple « bruit », de la parole irrationnelle - une *police* qui essentialise des caractéristiques comme l'ignorance ou l'émotivité en les faisant apparaître, en dépit de leur construction sociale, comme propres à une *identité*.

A la *police*, Rancière oppose la *politique*, entendue ici comme bouleversement des places établies, irruption d'une voix nouvelle là où on ne l'attendait pas (et ne l'entendait pas), moment d'instabilité où des groupes d'individus que l'on ne voyait pas deviennent soudain visibles [12]. Sont alors par excellence « politiques » les mouvements qui contestent les partages établis et redonnent un statut à la parole de ceux que ces partages situent du côté de l'ignorance, de l'inculture et du cri inarticulé.

On peut dès lors se demander comment les nouvelles pratiques philosophiques confortent ou perturbent les partages classiques de notre société, dans quelle mesure elles déplacent ou non les lignes, font place à une police ou entrouvrent une brèche pour la politique. Se demander

12. « La police est, en son essence, la loi, généralement implicite, qui définit la part ou l'absence de part des parties. [...] C'est un ordre du visible et du dicible qui fait que telle activité est visible et telle autre pas, que telle parole est entendue comme un discours et telle autre comme du bruit. [...]. L'activité politique [...] fait voir ce qui n'avait pas lieu d'être vu, fait entendre un discours là où seul du bruit avait son lieu, fait entendre comme discours ce qui n'était entendu que comme du bruit » (J. Rancière, *La mésentente. Politique et philosophie*, 1995, Paris, Galilée, p. 51-53).

de quelle figure de Socrate elles héritent au juste reviendrait à poser cette question : dans quelle mesure sont-elles véritablement « politiques » ?

On aurait tort de considérer un peu vite que se centrer sur la pratique communautaire de la philosophie suffit à mettre d'office chacun sur un pied d'égalité, simplement parce qu'on postulerait la capacité de tous à prendre part à une discussion philosophique. Si la philosophie continue d'être conçue comme un exercice *de la raison*, elle-même définie à partir de ses adversaires, de ses « autres » (l'émotion, l'illusion, les préjugés, la superstition, etc.), est-il vraiment possible de faire le pari de l'égalité, de se passer de ces découpes entre les philosophes et les autres ? Ne reconduit-on pas rapidement dans nos « nouvelles pratiques » des partages similaires ? Si on veut sauver la dimension philosophique de la discussion (échapper au café du commerce), si on s'intéresse à la formation philosophique de l'animateur (qu'on juge parfois nécessaire), le risque est en tout cas toujours là de réincarner la « docte ignorance », l'ignorance chiquée de celui qui en sait plus et qui manœuvre pour instruire et transformer l'autre. Et pourtant, les dimensions éthiques et démocratiques des discussions philosophiques ne sont-elles pas conditionnées par notre capacité à rompre avec ces formes larvées de mépris et de hiérarchisation des intelligences ? Peut-être une posture profondément éthique requiert-elle d'interroger toutes les formes d'institution (voire d'institutionnalisation) de places de parole légitimes pour philosopher « véritablement » ? Par toutes ces questions, nous cherchons à souligner la radicalité de l'exigence politique qui doit animer les nouvelles pratiques philosophiques si elles se veulent pleinement démocratiques, c'est-à-dire véritablement « politiques ».

Deux déclinaisons (épistémologique et politique) d'une métaphore optique peuvent nous aider à installer une vigilance éthique vis-à-vis de ces formes larvées de mépris propres à reconduire une *police* de la parole à l'intérieur même des NPP :

1. La déclinaison épistémologique : on trouve dans l'histoire de la philosophie une métaphore récurrente qui compare le partage entre les aveugles et les voyants à celui entre les ignorants et les savants, ou encore entre les non-philosophes et les philosophes (ces derniers étant ceux qui voient la vraie réalité, l'*eidos*, terme renvoyant lui aussi à ce registre du visible). La pensée conçue comme démystification, la vérité comme *alètheia*, c'est-à-dire levée d'un voile, l'idée d'une « lucidité » acquise par la philosophie, etc., toutes ces représentations impliquent ce partage : les gens sont dans l'ignorance, dans le noir, il faut leur révéler ce qu'ils ne voient pas. L'allégorie de la caverne de Platon est l'emblème de ce partage. Pour en sortir, les nouvelles pratiques philosophiques pourraient s'attacher à une autre métaphore : celle des déformations variées de la vue.

Nous sommes tantôt myopes, tantôt presbytes: nous examinons parfois les choses de près ou avec distance; la discussion philosophique est alors comme un art de l'optique, une rencontre possible des perspectives, et non le passage d'une vue troublée, trompeuse, à une vue claire, déchiffrant à la perfection le réel [13].

Il s'agit moins de penser l'altérité (le passage de quelque chose à son autre), que de penser l'altération mutuelle [14]. Apparaît ainsi une autre conception de la philosophie: non pas démystification, sortie du préjugé, de l'illusion ou de la précipitation grâce à l'intervention de l'un (l'accoucheur) sur l'autre (celui qui accouche de lui-même), mais déplacements mutuels des regards, et modifications des perspectives grâce à la rencontre.

2. La déclinaison politique: cette métaphore peut se décliner dans cette question proprement politique aux yeux de Rancière: qui est visible-invisible dans l'espace social? C'est-à-dire qui est supposé capable ou incapable de prendre la parole sur une question philosophique? Nous héritons de l'Antiquité l'idée que la philosophie est avant tout un exercice de la raison et celle selon laquelle les enfants, n'étant pas encore parvenus à un âge de raison, sont les jouets de leurs émotions et de leurs envies. La nouvelle considération dont l'enfant jouit depuis un peu plus d'un siècle (dont témoignent notamment les politiques hygiénistes du XIXe siècle, la scolarisation gratuite et obligatoire pour tous et le développement tout récent des droits de l'enfant) ne suffit pas à lui donner le statut d'un interlocuteur rationnel valable, qui le sorte du bavardage et du « bruit ».

Le pari de l'égalité ne consisterait-il pas à lui prêter une puissance de parler alors qu'on ne l'attendait pas à cette place de parole? Ne consisterait-il pas à entendre comme interlocuteur réel et valable celui qui était « sans voix », sans *logos*, sans argumentation?

Ce pari aurait un double effet: un *effet éthique* d'émancipation par la confiance donnée, qui est performative: « ce ne sont pas les sujets qui sont à l'origine de la parole, mais une parole qui les constitue » [15]; et un *effet politique* de modification des places de paroles, d'altération d'un certain champ d'expérimentation caractérisé par une distribution particulière des capacités.

La définition de la philosophie comme un art de l'optique tenant à une rencontre de perspectives conduit à une redéfinition de la philosophie

13. *Cf.* S. Charbonnier, *Que peut la philosophie?*, « L'ordre philosophique », Paris, Seuil, 2013, p. 256.

14. J. Rancière, *La méthode de l'égalité. Entretien avec Laurent Jeanpierre et Dork Zabunyan*, Bayard, Montrouge, 2012, p. 141.

15. J. Rancière, *La mésentente*, *op.cit.*, p. 132.

conçue moins comme un art de la raison que comme la possibilité d'un élargissement de la perception et de la sensibilité. Si, de surcroît, la parole de l'enfant n'est plus identifiée à du bruit mais à une parole recevable, audible, articulée, intelligente, de nouvelles questions peuvent se poser : qu'est-ce que la place d'un enfant lui permet de voir que ne voit pas un adulte ? Non pas « es-tu plus ou moins raisonnable ? », mais « que vois-tu du monde depuis ta place d'enfant ? ». Quelles sont les reconfigurations de l'expérience rendues possibles par la rencontre avec celui qui est considéré comme du mauvais côté de la barrière de la raison ? Que nous dit de neuf sur la philosophie le fait d'y admettre la parole des enfants ?

BIBLIOGRAPHIE

AUTEURS DIVERS, *Philosophie Antique,* 1, 2001, numéro thématique « Figures de Socrate », André Laks et Michel Narcy (éd.), Lille, Presses du Septentrion, 2001.

CHARBONNIER Sébastien, *Que peut la philosophie ?*, « L'ordre philosophique », Paris, Seuil, 2013.

JACOTOT Joseph, *Droit et philosophie panécastique*, Paris, H.V. Jacotot, 1852.

PLATON, *Apologie de Socrate*, trad. fr. Luc Brisson, *Ménon*, trad. fr. Monique Canto-Sperber, *République,* trad. fr. Georges Leroux, *Théagès*, trad. fr. Luc Brisson, dans L. Brisson (éd.), Platon, *Œuvres complètes*, Paris, Flammarion, 2008.

RANCIÈRE Jaques, *Le philosophe et ses pauvres*, Paris, Fayard, 1983 ; réédition « Champs », Paris, Flammarion, 2007.

—, *Le maître ignorant. Cinq leçons sur l'émancipation intellectuelle*, « 10/18 », Paris, UGE, 1987, réédition 2004.

—, *La mésentente. Politique et philosophie*, Paris, Galilée, 1995.

—, *La méthode de l'égalité. Entretien avec Laurent Jeanpierre et Dork Zabunyan*, Bayard, Montrouge, 2012.

PHILOSOPHICAL PRACTICE AS POLITICAL ACTIVISM

LOU MARINOFF [1]

Introduction

Aristotle correctly classified man as a *politikon zoon*, a «political animal» (*Politics*, 1253a1). In so far as practitioners of philosophy conduct their everyday transactions partly or wholly in a given *polis*, they work within the political, theological, and ideological constraints of that polity. These, in turn, pre-configure and partially predetermine the nature of any professional practice, and also pre-define some of the kinds of issues that practitioners are likely to encounter in their clients. But practicing philosophy according to its inherent guiding lights – reasoned inquiry, love of virtue, and so forth – may well brush up against political, theological or ideological constraints in a given *polis*. And when they do, philosophical practitioners become, of necessity, political activists.

Theoretical Philosophy versus Philosophical Practice

Virtually every discipline in the Academy has both theoretical, and empirical or applied branches. One can study pure or applied mathematics, and theoretical or experimental sciences of every kind. This is also true of Humanities and The Arts. One can study Critical Theory or Creative

1. Thanks to Mieke de Moor and the other organizers of the colloquium «Socrate à l'agora. Que peut la parole philosophique ?», which was held on 7 and 8 December 2013 at the University of Aix-Marseille, and at which an earlier version of this paper was presented.

Writing, Musicology or Performance. But what about Philosophy? The current dominant schools in Philosophy – Analytic in the US and Continental in the EU – diverge in salient substantive respects, but share at least one common denominator, namely their lack of practical application.

In the US and Canada at least, and perhaps increasingly in the EU and Asia, Applied Ethics has become the most successful exception to this leaden rule of inapplicability. Applied ethicists are trained not only to think philosophically, but also to practice philosophy itself. Out of the noetic ether of pure contemplation (divorced from all but its own preconditions and presuppositions) applied ethicists distil normative analyses of real-world scenarios involving transactions with palpable consequences to potentially or actually large constituencies. It has taken only a few decades for Applied Ethics to become a self-sustaining and indeed a revenue-generating growth industry within the Academy, and to demonstrate that Philosophy is capable of diverse applications beyond the Ivory Tower.

One might be tempted to assert that Feminism is even more successful in this exact regard : insofar as it consists of the study of Feminist Philosophy on the one hand, and its applications on the other – by Feminists of every stripe in every stratum of society – it is a union of philosophical practice and political activism. There is, however, one salient difference : Applied Ethics is practiced by philosophers for the betterment of the human estate most generally ; whereas Feminism is practiced by female philosophers in the main, for the advancement of Feminist political agendas primarily.

The main aim of applied ethics is to resolve moral problems that arise in the practice of professions, problems which one way or another affect virtually everyone in the body politic. Applied Ethics does not entail political activism per se, but may segue into it. Whereas Feminism entails political activism from the very outset. Applied Ethics aspire to rational discourse in the interests of justice ; many Feminisms aspire to neo-Marxist dialectic in the interests of redress [2]. One can be a devoted Applied Ethicist without ever engaging in political activism ; whereas one cannot be a devoted Feminist without constantly engaging in political activism. Therein lies a ponderable distinction.

Philosophical practice falls between these two stools : Most philosophical practitioners set out to benefit the human estate, broadly construed, by rendering useful services to their clients – individuals, groups, and organizations – which span a diverse array of constituencies. Most philosophical practitioners do not have an ideological agenda ; rather, a normative, hermeneutic, or maieutic one.

2. E.g. see C. Hoff Sommers, *Who Stole Feminism ?*, New York, Simon & Schuster, 1995.

Philosophical practice is not to be conflated with legal, medical, or psychological practice. Its over-arching aim is educational. However, when governments or university administrations themselves require education as to the nature of philosophical practice, then practitioners must be prepared to engage in political activism. Why? Because governments and university administrations are at times among the slowest learners, and may require remediation in order to digest the essential educational lessons.

In general, applied ethics tends to be a reactive discipline: normative issues arise whenever new sciences, technologies, or human interventions are being anticipated or implemented, or after catastrophic accidents (e.g. Bhopal, Exxon Valdez, Chernobyl, and Fukushima) mandate multi-disciplinary assessments of, and corrections to, standard operating procedures. Applied ethicists help inform public debate, and ultimately influence policy formation, regulation, or legislation pertaining to ethically appropriate applications of a given science or technology, as well as prevention or mitigation of disasters. Thus normative inquiry ends up having political implications, so applied ethicists can indeed become political activists.

For example, I recall having taught a course in Environmental Ethics in Vancouver, Canada, during a time of heated debate surrounding the logging of British Colombia's old-growth forests. Some protesters were « spiking » trees[3]; others, sabotaging logging equipment itself. There were violent confrontations between loggers and protesters, arrests, media coverage, and public discussion. My students uniformly opposed these logging operations, but at the same time they sought to identify ethically justifiable ways of voicing their opposition. Our course on environmental ethics became an ideal vehicle for the exploration of this issue, which led to a careful reading of Thoreau's *Civil Disobedience*[4]. In the end, the students decided that spiking trees or sabotaging equipment was not ethically justifiable, whereas chaining themselves to trees was justifiable. And so they did. This example illustrates how environmental ethics can segue into environmental activism, which is a form of political activism.

What is true of environmental ethics is true across the spectrum of applied ethics. When a controversial social or political issue – for example

3. « Spiking » a tree means driving a steel spike deep into the trunk, in an area where a lumberjack is likely to cut with a chainsaw. The hidden spike can violently destroy the saw-blade on contact, and this can also injure or even kill the lumberjack.

4. H.D.Thoreau, « Resistance to Civil Government; a Lecture delivered in 1847 », in E. Peabody (ed.), *Aesthetic Papers*, Boston-New York, The Editor-Putnam, 1849, p. 189-211, reprinted in *Civil Disobedience and Other Essays*, New York, Dover 1993.

abortion, or euthanasia, or medical marijuana – is studied and discussed in the classroom, it is done under the aegis of applied (in such cases, biomedical) ethics. But when an individual person is trying to make a life-changing decision, be it whether to have an abortion, whether to commit rational suicide, or whether to move to a state where medical cannabis can be legally obtained, then the issue ceases to be abstract, and so the person may benefit from philosophical counselling. Applied ethics focuses on issues; philosophical counselling focuses on persons dealing with these issues. Beyond this, the person dealing with these issues may decide to strive for social or legislative change, in which case applied ethics and philosophical counselling may themselves segue into political activism.

Humanities in Crisis

Philosophical practice emerges against a backdrop of humanities in crisis. In the US and the UK, if not in the broader EU as well, there has been a pronounced devaluation in the currency – and hence the funding – of Humanities. This tendency is driven by a host of factors, both external and internal to the Academy.

External factors include: the undermining and displacement of the written tradition by visual and digital traditions; the widespread but false belief that science and technology are panaceas for humanistic problems; the corollary pathologization and medicalization of the human condition itself; the ensuing diagnosis of symptoms (symptomology) reified as « illnesses » and the reflexive drugging of quotidian human complaints; the ongoing dehumanization and « mind-control » of citizens by bureaucratic and technocratic apparatuses of increasingly totalitarian Western governments and the commercial interests that control them.

These external factors among others have given rise to a cluster of culturally-induced epidemics, including attention deficit hyperactivity disorders, bullying, depressions, social anxiety disorders, obesity and eating disorders, sleeping disorders, chronic fatigue syndromes, sexual dysfunctions, and repetitive stress disorders. All these problems are diagnosed and drugged as though their root causes were biological (which they are *not*); and the net effect of this malpractice in many cases worsens the epidemics themselves. In Germany, these epidemics are called « diseases of civilization »; in Japan, « lifestyle maladies »; in Sweden, « diseases of affluence »; in the US « affluenza »[5].

5. E.g. see L. Marinoff, « Humanities Therapy: Restoring Well-Being in an Age of Culturally-Induced Illness », in *Proceedings of the 11th International Conference on Philosophical Practice*, Korea, Chuncheon, Kangwon National University, 2012, p. 27-48.

Internal factors include politicization of Humanities curricula themselves, by radical neo-Marxist and neo-Trotskyite ideologues concerned chiefly with the transmission of toxic doctrines designed to undermine and destroy Western civilization; sponsorship of these doctrines – to the exclusion of all else – by totalitarian university administrations which impose regimes of political correctness on faculty and students alike, and which demand conformity to a congeries of misanthropic myths and dysfunctional dogmas, calculated to replace higher education with political indoctrination in the humanities, the social sciences, and beyond[6].

These factors among others lead forensic accountants and misguided administrators to cut or eliminate funding to Humanities programs, which of course has a direct effect on philosophy programs as well. Purely analytic and purely continental philosophers alike, though themselves separated by an unbridgeable metaphysical chasm, are equally ill-equipped to shelter themselves from fierce fiscal storms. Completely self-absorbed in their own theoretical problems, which have no traction either outside their departments or in the larger socio-economic matrix from which they expect perennial support, they attract and graduate cadres of unemployable introverts or else (in the case of neo-Marxists and their feminist derivatives) indoctrinated ideologues and socio-political activists.

Philosophical practice offers remedies both to external factors that drive culturally-induced epidemics, and to internal factors that drive the devaluation, if not the extinction, of classical humanities.

Philosophical Practice: Form versus Substance

There is a sizeable and growing literature on the substance of philosophical practice: its theories, models, methodologies, techniques, goals, clientele and so forth. But herein I wish to focus on the forms of philosophical practice, with a view to elaborating contexts in which philosophical practitioners may be obliged to play the additional role of political activists.

In general, practitioners work with individuals (as counsellors or advisors), groups (as facilitators of dialogue), or organizations (as consultants). Invariably, prevailing political conditions and regnant ethos determine initial receptivity to, or rejection of, different forms of philosophical practice.

6. E.g. see A.Ch. Kors, H. Silverglate, *The Shadow University*, New York, Harper Perennial, 1999; R. Kimball, *Tenured Radicals*, Chicago, Ivan R. Dee (3rd edition), 2008.

People who travel globally for commercial or professional purposes are well-aware that while human nature itself is universal, interactions between and among citizens, as well as individual and collective aspirations of citizens, are conditioned if not governed from cradle to grave by local and national norms within each polis.

The net effect of these varying norms upon the global traveller is to convey an impression that every time one crosses a political border, one sets foot into a kind of hermetically sealed cultural bubble which predisposes its inhabitants not only to view the world in a particular way, but also to behave in ways which are consistent with their particular world-view, while quite possibly inconsistent with prevalent world-views in other – even neighbouring – cultural bubbles.

The implications of such differences are pellucid when it comes to philosophical practice, both in its conception by practitioners and their clients, and in its operationalization by practitioners and their organizations.

Philosophical Counselling and Political Activism

Philosophical counselling has captivated public imagination in increasingly many different polities, world-wide, yet has met with varying reception by ruling authorities, depending once again on prevailing cultural norms.

In the EU, generally speaking, long-standing philosophical traditions embedded in the cultural substrate predispose the intelligentsia to recognize that certain classes of human problems are either inherently philosophical, or else amenable to philosophical (among other possible) approaches. Since EU countries are far less litigious than the US, and since health care in the EU's social democracies is mostly a right as opposed to a privilege, philosophical counselling has not in the main been obliged to wage « turf wars » against co-professionals, nor has it been targeted for political prohibition.

One or two exceptions, however, are certainly noteworthy. In Germany, during the late 1990s, the Bundestag drafted some rather clumsy and over-broad legislation in order to curtail the practices of organizations or « cults » associated with « mind control » (notably Scientology, and possibly the Moonies). But the wording of this legislation was so hyperbolic that it would have inadvertently criminalized philosophical counselling as practiced by Gerd Achenbach and his colleagues. Gerd asked my advice in 1998, and I recommended that he take political action by informing his local Bundestag representative, and lobbying for suitable revisions to the draft legislation. Since Achenbach and his colleagues continue to practice to this day, and have not been legally prosecuted for doing so, I assume that Germany's anti-cult legislation was suitably amended so as not to outlaw philosophical practice.

More recently, in the UK, an overt « power-grab » was attempted by psychologists, who temporarily bamboozled legislators into drafting a bill that would have defined « counselling » as a solely psychological practice, to the exclusion of all else. In contrast with the aforementioned over-broad Bundestag bill, the UK legislation would have narrowed the meaning of « counselling » so drastically that licensed psychologists would have legally appropriated and monopolized the term.

This called for direct political action on the part of UK philosophical counsellors, who were fortunate to have Sam Brown as their leader. Sam wrote a brilliant paper on the meaning of « Counsellor », identifying in the process no fewer than sixteen types of counselling both historically and professionally recognized in the UK, none of them psychological *per se*[7]. Sam's paper single-handedly persuaded UK legislators not to grant psychologists a monopoly on the word « counselling ».

If philosophical counselling can encounter potential legislative prohibitions even in nations like Germany and England, whose robust philosophical traditions so fertilely informed the Enlightenment, imagine the obstacles it can meet in the contemporary US, from competitions over markets to confusions with psychology to suppressions by totalitarian university administrators terrified at the prospect of people thinking for themselves. In the US, pioneering philosophical counsellors encountered a minefield of opposition, and were compelled to engage in political activism from the very outset.

Philosophical Practice and Political Activism, American Style

Ironically, an original *definiens* of the American polis was its celebrated lack of an *ancien regime*. Having no indigenous political institutions that required uprooting (unlike the case of France), the thirteen colonies were united by revolutionary political activists who, with justification, might also be called philosophical practitioners. Thomas Jefferson effectively embodied central tenets of John Locke's political philosophy in his 1776 *Declaration of Independence*, an ultimately fruitful admixture of philosophical practice with political activism. It should not be forgotten that Jefferson was also a member and later president of the

7. S. Brown, «The Meaning of 'Counsellor'», *Philosophical Practice*, 5.1, 2010, p. 549-566.

American Philosophical Society. In a more populist vein, Tom Paine's pamphleteering, in particular his 1776 monograph *Common Sense*, sparked a popular embracement of the principles and values that catalyzed the American Revolution.

However, contemporary America presents a different picture: no longer reminiscent of the early Roman republic, rather of the collapsing Western Roman empire. The US today affords an unremitting spectacle of culturally-induced epidemics, dysfunctional and bankrupt governmental institutions, corrupt and avaricious financial establishments, economic polarization, interminable culture and gender wars, public education in free-fall, with neo-Roman *panem et circenses* – e.g. junk food and trash television – to stupefy the masses. If this were not enough, Americans still hold the unenviable position of policing rogue states, and so the Stars and Stripes have become primary targets for terrorists world-wide.

One silver lining behind all these clouds was the impetus given to the global movement of philosophical practice, following the 3rd International Conference held in New York in 1997. In its aftermath, the New York media got hold of the idea of philosophical counselling, whereupon media in many countries world-wide copied and re-disseminated their reportage[8].

The fly in this ointment was the US media's constant need to engender controversy. While bad news always sells well enough in its own right, good news (apparently) needs to be larded and salted with hullabaloo to titillate the palate of the *hoi polloi*. So, the US media seized on a mantra that achieved their commercial purpose, but which did a profound disservice to our educational one. They repeatedly trumpeted that philosophical counselling is « a controversial new form of psychotherapy »[9].

Is philosophical counselling inherently controversial? Not to our many clients who have derived benefit from it. Is it new? Hardly. Many of our theories and techniques date back 2500 years, to ancient Hellenic, Indian, and Chinese philosophical traditions. Is it psychotherapy? No, it is education. Viewed in this light, the media have it exactly backwards: much contemporary psychotherapy is a controversial new form of philosophical counselling.

With a few noteworthy exceptions, attempts to educate the US media have largely failed. While governments and university administrators are merely slow learners at times, the media earns its livelihood by feeding a daily diet of distorted sound-bytes to a credulous body politic. Soviet

8. The seminal article, an advocacy piece, was written by A. Kuczynski, «Plato or Prozac?», *New York Observer*, August 4, 1997, p. 17.

9. E.g. see L. Marinoff, « One Philosopher is Worth a Hundred 'C-Words' », *Philosophical Practice*, 1.1, 2005, p. 1-10.

Russia had two main daily newspapers: *Pravda* (meaning « Truth ») and *Izvestiya* (meaning « News »). And the Russians used to say: « V *Pravde* net izvestiy, v *Izvestiyakh* net pravdy ». In *Truth* there is no news, and in *News* there is no truth. American neo-conservatives, with justification, have nicknamed *The New York Times* « Pravda ».

The US media's incessant decade-long mantra – that philosophical counselling is « a controversial new form of psychotherapy » – was absorbed uncritically by Americans, because most Americans themselves are psychologized from infancy to senescence, and never encounter philosophy in their entire lives. Thanks to successful political activism, the profession of counselling psychology enjoyed unrelenting sponsorship from universities and governments during the 20th century, in the form of graduate programs and licensure, such that (until recently) Americans imagine that every non-medical human problem is by default a psychological one.

Given this impoverished state of affairs, many counselling psychologists themselves were predisposed to view philosophical counsellors as unlicensed « poachers » in the territory of the human psyche, and some of them proceeded to alarm ignorant university administrators by claiming, without a shed of evidence (for none exists), that people who see philosophical counsellors are likely to develop psychological problems, and perhaps even commit suicide.

Thus, in the year 2000, at the very moment when news media were engendering demand for philosophical counsellors, my own university, CUNY (the City University of New York) suddenly shut down my research in philosophical counselling at The City College (CCNY), overnight and by fiat. There was no discussion, and no reason offered. The senior CUNY administration unilaterally and improperly overruled a Federally-approved research program, allegedly because some psychologists had complained. I was never permitted to know the identities of those who levied accusations, nor the substance of the accusations themselves.

I had been counselling research subjects on campus without incident or complaint, and with the express permission of the college's Institutional Review Board (IRB), a body constituted and empowered by Federal regulatory law. In America's litigious climate, IRBs are designed to protect both human subjects of research, and the institutions in which the research is conducted.

CCNY's IRB had determined that philosophical counselling poses no risk to subjects, and indeed my pioneering research protocol has subsequently been adopted successfully by practitioners at several American universities [10].

At the same time, the Diaz Bill to sponsor the licensing of Philosophical Counsellors in New York State was being sponsored in the New York State Legislature by then-Assemblyman and currently Bronx Borough President Ruben Diaz Jr.

Since CUNY was unwilling to speak with me in person, and unwilling to reinstate my Federally-approved research, I eventually sued the City College signatories of CUNY's illegal prohibition orders in Federal court. Under oath, each defendant sold out his superior, until the CCNY Provost's duly sworn testimony pointed to the office of CUNY's Vice-Chancellor for Legal Affairs. At this the judge balked, and dismissed the case. He was bought and paid for anyway, and would not permit a mere Associate Professor to unhorse a lofty Vice Chancellor, if not the Chancellor himself. But I won an appeal, and so my attorney discovered even more damning evidence, which panicked the judge into throwing the case out yet again.

Meanwhile, the assorted miscreants were all defended by Eliot Spitzer's office. At that time, Spitzer was New York State's Attorney General, before becoming elected Governor and soon thereafter resigning in disgrace for transporting prostitutes across state lines, from New York to Washington D.C. While some New Yorkers admired Spitzer's loyalty to his state, they could not ignore the multiple felony offences incurred in his frequent expressions of fidelity. In lieu of a prison term, Spitzer was « sentenced » to community service : he was compelled to teach for a year at The City College ! (Law and Public Policy, not Ethics). Having him as a colleague was a measure of poetic justice at least.

But in truth, I remain a political prisoner at CUNY, serving an apparent life sentence for failing to love « Big Brother ». I am not alone. Any professor who resists the fatuous tyranny of political correctness that has infected higher education from coast to coast, is likewise a political prisoner of the American Gulag.

The Turning Tide

Some years later, at this writing, progress has been made. Philosophical counsellors are now active in dozens of states in the US. Philosophers at numerous universities are teaching, researching, and practicing philoso-

10. Professors Kathy Russell and Andrew Fitzgibbon at SUNY Cortland, Kate Mehuron at Eastern Michigan University, and Nancy Matchett at the University of Northern Colorado, have all successfully conducted IRB-approved research in philosophical counseling based on my CCNY template.

phical counselling. There is a burgeoning professional literature. Most importantly, a critical mass of young philosophy students aspire to become practitioners themselves, and demand for graduate programs is surging. Such programs have been, and are being established, predominantly in the EU and Asia.

In the US, even some psychologists who initially and stridently opposed us now concede that we have furrowed a credible professional field, and that we are not « trespassing » on their « turf ».

So the tide may now be turning. 2013 was a « watershed » year, during which several salient events aligned to favour the growth of philosophical counselling in the West. For example, in March 2013, *The New York Times* identified pharmaceutical industry propaganda as the « primary cause » of ADHD [11]. In April 2013, the powerful National Institute of Mental Health (NIMH) rejected the DSM V, demanding sound aetiology as opposed to diagnosis of « clusters of symptoms » [12]. In June 2013, the World ADHD Congress debated the question « Is ADHD a Valid Diagnosis ? » [13]. Also in June 2013, the Association for the Advancement of Arts and Sciences (AAAS) submitted a report to the US Congress, citing marginalization of Humanities as a leading cause of cultural decline and social malaise [14]. In sum, things that philosophical practitioners got in trouble for saying fifteen years ago, are now being said by everybody.

Thus encouraged by external events, I have embarked on the Quixotic quest (or fool's errand) of establishing an M.A. program in Applied Philosophy at CUNY. Even without my particularly jaundiced history in America's largest, most corrupt, most bureaucratic, most unaccountable, most politicized, and most totalitarian urban university, establishing an M.A. at CUNY normally requires five years (a « Five Year Plan », comrades). Most of this time is consumed pushing hundreds of pages of documentation, meticulously-crafted in conformity with excruciatingly demanding guidelines, at obstructive bureaucrats who require these reams of paperwork but don't bother reading it, or read it without comprehension, or read it with malice aforethought and objection at every turn. Even though the APPA and I are inundated with written requests for a graduate program, by earnest and hopeful philosophy majors from

11. http ://www.nytimes.com/2013/04/01/health/more-diagnoses-of-hyperactivity-causing-concern.html ?pagewanted=all&_r=0

12. http ://www.psychologytoday.com/blog/side-effects/201305/the-nimh-withdraws-support-dsm-5

13. http ://www.adhdfederation.org/fileadmin/user_upload/Congress_2015/Final_2013/V3.Final_Programme_ADHD2013.pdf

14. http ://www.humanitiescommission.org/_pdf/hss_report.pdf

across the US and internationally, CUNY's uniform response to every proposal has been a truckload of red tape.

The City University of New York (CUNY) is a branch of the New York State civil service – a poor governance model for higher education, if ever there was one. The political and administrative apparatus of New York State itself is dysfunctional, corrupt, and bankrupt. CUNY controls 20 campuses (The City College, Hunter College, Baruch College, and the Graduate Centre, among others), with more than 450,000 students all-tolled. The City College of New York (CCNY) is the flagship campus, and was a free-standing storied institution from 1847 until 1960, when it was swallowed by CUNY. The autocrats who run CUNY treat faculty and students alike with brutal contempt. They routinely sabotage and arbitrarily destroy the internal careers of any professors who do not love « Big Brother ».

I am merely one of countless casualties of CUNY's vindictive war against its own faculty, and CUNY is only America's largest urban example of the brutally stupid totalitarian administrative cultures which govern higher education from coast to coast. Day in and day out, we witness examples that become more surreal with each passing year, such that even Swift, Huxley, or Orwell would be hard-pressed to satirize them. My recent favourites include this one: On September 17, 2013 – US Constitution Day – students at Modesto College, California, were prohibited form handing out the US Constitution on campus[15].

America's Maoist university administrators fear and loath the First Amendment. They don't want students reading it, and taking it as a license to harbour political opinions not pre-approved by the university, or – heaven forefend – to have dialogues about such matters with philosophical practitioners.

As a result of this systematic and decades-long destruction of free thought and free speech in American higher education, combined with incessant politicization of the curriculum, American culture itself is becoming irreversibly « brain dead ».

Philosophical Practice and Political Activism in Asia

Now let us briefly contrast the deplorable American state of affairs with developments in the Republic of Korea, and in China.

South Koreans are generally educated to a high standard. Korea boasts many fine universities, and Korean philosophers have demonstrated

15. http://www.thefire.org/cases/modesto-junior-college-students-barred-from-distributing-constitutions-on-constitution-day/

scholarly mastery over both analytic and continental philosophical traditions, in addition to indigenous Asian ones.

In the early 2000s, spurred by Korean translations of popular seminal works in Philosophical Counselling, a core group of entrepreneurial Korean philosophers turned their attention to this emergent field, excited by its potential in their own nation.

They began to attend international conferences and training programs with established Western practitioners, then formed their own national association and, in 2009, held an inaugural international conference on Philosophical Practice and Humanities Therapy, at Kangwon National University (KNU) in Chuncheon, organized by Prof. Young E. Rhee.

This conference was strongly supported by KNU, and by its visionary Dean of Humanities, Lee Dae-Boom. It attracted numerous participants, including leading practitioners from Asia and the West[16].

Encouraged by this success, and enjoying active support from both their university and their government, the Koreans simultaneously and swiftly deepened their foundations and broadened their horizons. In terms of deepening, they have established a graduate program in Philosophical Practice and Humanities Therapy at KNU. In terms of broadening, they have been funded by two different government ministries – Education, and Defence – to undertake research projects in Philosophical Counselling. The Defence ministry is sponsoring research on philosophical counselling for front-line troops in the Demilitarized Zone: young men who have been conscripted to face perennial military threats from North Korea. Undoubtedly, many of them have philosophical questions about the nature of this long-standing predicament, the values they are defending, and the values of the system across the border. The Education ministry is sponsoring research on philosophical counselling for political refugees from North Korea, who had successfully escaped and were granted political asylum in the South. They need a complete re-orientation of their world-view, in order to understand and make use of the fundamental freedoms and allied opportunities in the democratic South. Neither of these two client-bases is « mentally-ill », although both would no doubt attract asinine diagnoses from the DSM.

Needless to say, these are groundbreaking projects for philosophical practitioners, which could not have been undertaken without three vital forces aligned: first, the social entrepreneurship of the philosophers themselves; second, the enlightened university administrations that

16. http://www.ht21c.org/main.php

support them ; and third, the astute government agencies that further their research.

This rapid development of Philosophical Practice in South Korea has also been catalyzed by a political position taken by the philosophers themselves, one which certainly entails practice as a species of activism. Korean practitioners have observed that the « culturally induced epidemics » currently debilitating Westernized civilizations are produced by unhealthy lifestyles, unwholesome values, and overall failure to cultivate human potential. They view the diagnosis and drugging of these conditions as patently useless and absurd, and they stridently reject Western psychology as a kind of cultural or ideological imperialism which Asians do not require. Why ? Because Asians have rich indigenous philosophical traditions – e.g. Taoism, Confucianism, Buddhism – which are more profound and more efficacious than Western psychology in both preventing and reversing culturally-induced epidemics.

Similar interest is burgeoning in Hong Kong, Taiwan, and mainland China, where universities and governments are similarly expected to further philosophical counselling based on indigenous philosophical traditions.

Even in India, that most spiritual of Asian cultures, we begin to see both positive and negative ill-effects of Westernization. As an increasingly globalized India experiences rising GDP and a secularized middle class, it is becoming afflicted by similar culturally-induced epidemics, along with the usual trappings of Western psychology and psycho-pharmacology. In consequence, a philosophical counselling movement is slowly arising in India, although its acceptance by universities and governments may be less rapid than in East Asia [17].

Group Facilitation and Political Activism

A second plank of philosophical practice is group facilitation. With adults, this often assumes the form of Socratic dialogue. There is also a world-wide movement of philosophy for children. Less formally, the Café-Philo (or philosophical café) still proves popular in many counties and cultures. To what extent does group facilitation entail or imply political activism ?

17. http ://www.philosophicalcounsellingindia.org/

Café-Philo

Consider the Café-Philo, the originator of whose contemporary model was Marc Sautet. He apparently left the Sorbonne to found the Café des Phares out of despair and disgust at the bureaucratic paralysis and lobotomized administrations of the contemporary academy, as well as the moribund state of so many philosophy departments – a view shared by many. Through his Café-Philo, Sautet was able to recuperate a sense of *doing* philosophy, and by so doing, inspiring others to think more philosophically. As this unfolds in a public space within the polis, akin to the agora, it is Socratic in spirit, and therefore also a species of political activism. More than this, Sautet's example apparently spawned a great many copies, such that at the height of the fad in Paris, one could barely step into a café without tripping over a philosopher. Relatively few philosophers running Café-Philos were of the quality of Marc Sautet, and very many – I am informed – were mere agitators: political ideologues rather than Socratic gadflies.

Nonetheless, Sautet elevated the Café-Philo to an art-form, and it has proliferated world-wide. A good many skilled facilitators, from Dries Boele in The Netherlands to Roxanna Kreimer in Argentina, proved able to earn their daily bread via this medium.

I ran a monthly « Philosopher's Forum » in a Manhattan bookstore for seven years, as a public service, and I can tell you that political debates were at the forefront of our participant-driven agenda. One can enjoy more frank and honest discussions in the public spaces of bookstores than on the campuses of America's politicized universities.

Philosophy for Children

Thanks in no small measure to the pioneering efforts of Matt Lipmann (at Montclair State University in New Jersey), philosophy for children has also proliferated worldwide. Matt's original vision for this endeavour certainly entailed political repercussions, and it seems to have succeeded so well that it was doomed to fail. Matt's program was turning out miniature Socratic inquirers, children who – encouraged to be philosophical in the classroom – relentlessly questioned their other teachers as well as their parents, which made them more of a « nuisance » than the overall system was equipped to handle.

Cultural context, however, does interesting things with and to philosophical practice. Philosophy for children is now taking off in Japan. This success was partly precipitated by the catastrophe of the March 2011 earthquake and tsunami that devastated the Tohoku region, and compromised the nuclear reactor at Fukushima. Notwithstanding heroic efforts by Japanese workers, managers, and volunteers implicated in the nuclear and civilian crises, the government's evident lack of preparedness, its clumsy attempts at cover-ups, and the sheer magnitude of the disaster, left a lot of questions asked but unanswered.

Credit Japanese philosopher and educator Tetsuya Kono, at Rikkyo University, for initiating Socratic dialogues with children in schools, encouraging them to discuss and understand these issues in philosophical ways. It has been an enormous success.

Contrast this with the absolute lack of philosophical counselling in Japan, whose deeply-embedded ethos of group harmony (« *wa* ») precludes individual opinions being aired, at least until the individual knows what the group's position is, so he or she can voice views that are consonant with it. Some Japanese philosophical practitioners form the exception to this rule, and Japanese children have proved willing to question official pronouncements, and to express their own views, when encouraged by philosophers. In Japan, philosophy for children amounts to cultural if not political activism.

Philosophy for the Elderly

Another Japanese constituency has proved amenable to group dialogue, namely elderly survivors of the disaster who lost their homes and were displaced into temporary government-built shelters. In 2013, I visited the former fishing village of Rikuzentakata, which had been inundated and largely destroyed by a 54-foot tsunami in 2011. There I encountered a lively group of senior citizens in their makeshift community meeting room. They had been in government shelters for two years, pre-fabricated rooming blocks up in the hills above the flood-plain, and were awaiting construction of permanent housing.

These elderly people were happy that an outsider was showing an interest in them, and were willing to speak – in a group – about their experiences. They said that during the first year following the tsunami, most of them stayed in their rooms and hardly spoke with each other. Now their community had coalesced, and they were helping one another get on with life. I was deeply impressed with their energy and enthusiasm, their ability to grieve for lost homes and loved ones in a constructive way, and their desire to resume more normal patterns of existence. They were also (especially for Japanese) unabashedly critical of the government's handling of the disaster.

Not one of these people would ever have considered speaking privately with a psychologist, but they were more than willing to speak publicly with a philosopher.

Organizational Consulting

This potentially rich and diverse form of philosophical practice is, just like the others, unevenly distributed and highly dependent upon received cultural norms.

In many parts of the EU, it is a routine matter for philosophers to facilitate Socratic dialogues and dilemma trainings in the private sector, as well as for civil servants across all branches of government. In Japan, many corporations conduct strategic gaming sessions, some entailing models embodying rational choice theories, which could be facilitated by trained philosophers.

While these and kindred activities hardly constitute political activism, at times they harbour the potential to inform political action. A case from my own practice will illustrate the point. For a number of years, I taught an Ethics module in the Southwest Leadership and Governance Program at the University of Arizona's Institute for Local Government. Participants in this annual program were senior civil and public servants in the State of Arizona – police chiefs, sheriffs, county managers, elected legislators, and others with similar responsibilities to the public. They needed practical ethical tools, not abstract theories, and so I conducted dilemma trainings with them.

One case involved a county that borders Mexico, and sees large numbers of illegal immigrants crossing its precincts. Many of these people die in the desert, of dehydration, and it was the county sheriff and his deputies who had to bag their decomposing remains and dispose of them according to due process. The sheriff said that this kind of duty was not exactly what they had anticipated as law enforcement officers, and moreover that its cumulative effect on them was demoralizing and morbid. Thus, the idea had arisen of putting in water stations along the way, on humanitarian grounds, so that illegal immigrants would at least not die of thirst. After further reflection, however, concerns arose that news of such water stations would quickly spread to prospective immigrants and smugglers, such that a well-watered route would attract so many people that the main problem – illegal immigration – would be exacerbated to an undesirable if not unmanageable extent. Thus, the county leadership resolved its difficult ethical dilemma by prioritizing utilitarian values over humanitarian ones: after earnest debate, water stations were not installed.

Of course, this ethical dilemma would never have arisen if the political problem – i.e., the issue of maintaining secure national borders – had been properly addressed. But since Federal and State governments have clashed bitterly over enforcement issues, the political problem remains unresolved [18]. Thus, philosophical analysis of ethical dilemmas entailed by the political problem suggests that political activism may be required to alter the conditions that give rise to the dilemmas themselves.

This kind of consulting work, with civil and public servants, draws philosophical practitioners – and/or their clients – toward political activism.

Conclusion

Even from this brief and anecdotal survey, it should be obvious that philosophical practice in its many forms – counselling, facilitation, consulting, and all their sub-specialties – lead to or manifest as political activism. This is not so much a feature of philosophical practice as it is an inescapable facet of the human condition itself. Whenever and wherever philosophers choose to work with people as well as with ideas, they may find themselves caught up in political actions. As long as practitioners remain faithful to their educational mission, and to their overarching goal of benefitting their clients, then presumably their (and our) inevitable forays into political activism will likewise confer educational benefits on the larger socio-political organism.

But this tale is also cautionary: If philosophers utilize practice as nothing but a means to attain political ends, and if such ends are misanthropic, deluded, or otherwise poisoned by toxic doctrines, then – like Rousseau and the Jacobins he conjured, or like Marcuse and the political correctness he instigated – philosophers will once again become apologists for the guillotine. Western civilization's head is on the block anew. I, for one, cannot stand accused of having stood idly by to watch it roll.

18. The Obama administration refuses to enforce immigration laws on the US-Mexico border, and encourages illegal immigration. The Federal government recently sued the Government of Arizona for trying to enforce Federal laws themselves.

Bibliography

ARISTOTLE, *Politics*, L. Brown (ed), Translated by D.Ross, Oxford-New York, Oxford University Press, 2009.

BROWN Sam, « The Meaning of 'Counsellor' », *Philosophical Practice,* 5.1, 2010, p. 549-566.

HOFF SOMMERS Christina, *Who Stole Feminism?*, New York, Simon & Schuster, 1995.

JEFFERSON Thomas, *Declaration of Independence* (first published July 1776), Carlisle, Massachusetts, Applewood Books, 1997.

KIMBALL Roger, *Tenured Radicals,* Chicago, Ivan R. Dee (3rd edition), 2008.

KUCZYNSKI Alex, «Plato or Prozac ?», *New York Observer*, August 4, 1997, p. 17.

KORS Alan Charles, SILVERGLATE Harvey, *The Shadow University*, New York, Harper Perennial, 1999.

MARINOFF Lou, « One Philosopher is Worth a Hundred 'C-Words' », *Philosophical Practice*, 1.1, 2005, p. 1-10.

—, Humanities Therapy: Restoring Well-Being in an Age of Culturally-Induced Illness, Keynote Address, in *Proceedings of the 11th International Conference on Philosophical Practice*, Chuncheon, Korea, Humanities Institute, Kangwon National University, 2012, p. 27-48.

PAINE Thomas, *Common Sense* (first published Philadelphia, R. Bell, 1776), Harmondsworth, UK, Penguin Classics, 1982.

THOREAU Henry David, « Resistance to Civil Government; a Lecture delivered in 1847 », in E. Peabody (ed.), *Aesthetic Papers*, Boston-New York, The Editor-Putnam, 1849, p. 189-211, reprinted in *Civil Disobedience and Other Essays*, New York, Dover, 1993.

THE POLITICAL SOCRATES
WHAT DOES PHILOSOPHICAL PRACTICE WANT?

THOMAS POLEDNITSCHEK

A psychotherapist provides his clients with his professional knowledge. In Germany, he acquires this knowledge in his studies and the subsequent training for clinically active psychotherapists – i.e., if he is a « Psychologischer Psychotherapeut », a professionally qualified psychotherapist. Contrariwise, a Philosophical Practitioner does not provide his guests with his professional knowledge. A Philosophical Practitioner rather gets involved with his own ignorance in the encounter with his guests. This does not entail, however, that a Philosophical Practitioner is an inhabitant of the « Valley of the Clueless ». On the contrary: a Philosophical Practitioner is one who studies philosophy his whole life. By this, I mean that he is a Philosophical Practitioner who is repeatedly – ideally daily – guest in the « thinking spaces » of the « great ones ». And this, in my experience, is not possible without contemplative conduct of life.

When I say a Philosophical Practitioner repeatedly gets involved with his own ignorance, I am talking about the ideal of poverty proclaimed by the medieval master thinker Meister Eckhart. In sermon 52, he says: « Das ist ein armer Mensch, der nichts will und nichts weiß und nichts hat. » [1]. The visible sign of this Eckhartian poverty that knows nothing is the openness that the « poor human » shows towards his fellow humans and the world. For it is the poverty of his unknowing that makes a Practitioner open, i.e., sensible for the problems that reveal themselves in the dialogue

1. Eckhart, *Deutsche Predigten und Traktate*, München, Diogenes, 1979, p. 303, translation Th. P.: « He is poor who wants nothing, knows nothing and has nothing ».

with his guest. A Philosophical Practitioner is one who knows nothing but – like Hannah Arendt – wants to understand. « Ich will verstehen »[2], Arendt once said.

This is the fundamental openness that defines a Philosophical Practitioner as a person who resides in the public space. Because for the philosopher Volker Gerhard (Berlin), our openness towards our fellow humans and the world makes human consciousness a « public space »[3]. Thus, a Practitioner shares a « public space » with his guests insofar as they them-selves are open towards the world and to fellow humans. This « public space » that Practitioner and guests share corresponds to the marketplace on which the Platonic Socrates philosophizes with his dialog partners. Therefore, the self or the subject that philosophizes in Philosophical Practice is not simply the « open human » but the citizen who – via freedom and reason – converts the marketplace to an « open space ». Volker Gerhard calls this citizen the « homo publicus »[4]. The sociologist Niklas Luhmann (Bielefeld) emphasized the importance of the public sphere for the humanization of human beings : « Seine Individualität als Mensch gewinnt der Einzelne erst in der politischen Öffentlichkeit »[5]. In other words : It is the public space that humanizes human beings, and Philosophical Practice as « political philosophy » is the kind of philosophy that knows about it.

Via Philosophical Practice, Socrates returns to the Agora after 2400 years, because, in the modern age, Philosophical Practice breaks with the academic discipline of philosophy that is located in universities. The place of Philosophical Practice is not simply the marketplace, but the public space, where the problem of the guest becomes a matter of dialogical thinking. This is why the focal point of Philosophical Practice is not the person of the guest. The focal point is the shared « dritte Sache »[6] (Brecht), which is an issue of dialogical thinking for the citizen in person of the guest in the public space[7]. E.g. in Plato's early dialog *Laches*, this « dritte Sache » is the question « what is courage ? ».

2. H. Arendt, *Ich will verstehen*, Selbstauskünfte zu Leben und Werk, München, Piper, 2013 p. 48.

3. V. Gerhardt, *Öffentlichkeit. Die politische Form des Bewusstseins*, München, C. H. Beck, 2012, chapter 1 ff. This is my translation of the term « öffentlicher Raum ».

4. *Cf.* V. Gerhardt, *Öffentlichkeit*, *op. cit.* p. 15.

5. *Cf.* N. Luhmann, « Öffentliche Meinung », in *Politik und Kommunikation. Über die öffentliche Meinungsbildung*, W. R. Langenbucher (hg.), München/Zürich, Piper, 1979, p. 45, cited *in* V. Gerhardt, *Öffentlichkeit*, *op. cit.* p. 13, translation Th. P. : « The individual gains his individuality in the political public space ».

6. Translation Th. P. : « Third cause ».

7. *Cf.* Th. Polednitschek, *Der politische Sokrates. Was will Philosophische Praxis ?*

I differentiate between the factual place of Philosophical Practice and its «philosophical place». Factually, the place of Philosophical Practice is the Philosophical Practice of a Practitioner. The «philosophical place», on the other hand, is the public space. Because the public space is the «philosophical place» of Philosophical Practice, it is «political philosophy» for me. For Philosophical Practice as «political philosophy» the public space is the philosophical place, because Philosophical Practice relies on what Kant calls «öffentlicher Vernunftgebrauch»[8] that is implemented as «political freedom»[9], Philosophical Practice as «political philosophy» is an alternative to *the* kind Philosophical Practice that is ignorant about the citizen within the ego of its guests, because it does not understand the public space as the place of Philosophical Practice. In short: The place of psychotherapy is the practice of a psychotherapist. The place of Philosophical Practice is the marketplace as public space, because the guest is not a private ego but a citizen.

When I speak – with reference to Hannah Ahrendt – of «political freedom», I am talking about the citizen's possibility to (co-)shape the public affairs of a city or country, and to participate in the public sphere[10]. In my Practice, I am involved with many people whose freedom is more or less limited, because their possibilities to act politically on the marketplace are defective. These people are victims of the loss of their political freedom, not because – as in antique Greece – a tyrant took it from them, but because their own depressions are tyrannizing their psychic life. This is why they are – as in the tyrannis – expelled to their homes[11], and the agora stays empty. They are an example of the «*homo clausus*» (Elias) – the human that is trapped within itself – that substitutes the «*homo publicus*». My experience with these «depoliticized» citizens makes my considerations to «Reflexionen aus dem beschädigten Leben»[12].

What is the philosophical word capable of in Philosophical Practice – which first and foremost wants to be: «political philosophy»? What the philosophical word as «political philosophy» is capable of in

Berlin, LIT, 2013, p. 78 ff.

8. *Cf.* I. Kant, «Was ist Aufklärung?» in *Ausgewählte kleine Schriften*, Herausgegeben von H. D. Brandt, Philosophische Bibliothek 512. Mit einem Text zur Einführung von Ernst Cassirer, Hamburg, Meiner, 1999, p. 20 ff. Translation Th. P.: «Public use of reason».

9. H. Arendt, *Was ist Politik?* München, Piper, 2005, p. 40. This is my translation of the term «politische Freiheit».

10. *Cf.* H. Arendt, *Was ist Politik?*, *op. cit.*, p. 40.

11. *Cf.* H. Arendt, *Was ist Politik?*, *op. cit.*, p. 41.

12. The subtitle of Th. Adorno, *Minima Moralia. Reflexionen aus dem beschädigten Leben*. Frankfurt a. M, Suhrkamp, 1978. Translation Th. P.: «Reflections from a damaged life».

Philosophical Practice, is measured by what it contributes to a dialogue with its guests in terms of awakening and keeping alert the « citoyen » within the citizen. Philosophical Practice as « political philosophy » wants to awaken *the* type of citizen for whom the marketplace is the place of political action. Our reason and freedom convert the marketplace into a « public space ». Philosophical Practice wants to awake and keep alert the reason and freedom that, first of all, change the agora into a « public space ». Philosophical Practice as political philosophy aims for practical epistemological interest : It wants to resist « The Fall of Public Man » [13].

Political action requires a place. This was asserted by Aristotle. For him, this place is the *polis,* which size is ideally « limited by the possibility to perceive the « yell of Herold » [14]. The new social media cannot be a place of political action because they are not a place where people are visible and audible to each other. The particular characteristic of *Facebook* and *Twitter* is that it is possible to communicate without being seen or heard by someone else. Therefore, new social media are a virtual marketplace which is not a place of political action. The German « Piratenpartei » – a recently founded political party that relies upon the internet-based communication for its politics – put the fox in charge of the henhouse ; the « Piraten » convert the internet into a place of political action which it cannot be.

But the following is true as well : the new social media played an important role in the organization of the mass protests at Taksim Square in Istanbul and Tahrir Square in Cairo. They supported the rediscovery of the Agora as a place of the political – especially among young Turks and Egyptians. The dialectic in Wagner's « Parsifal » applies to *Facebook* and *Twitter* : « Die Wunde schließt nur der Speer, der sie schlug » [15]. Of all things the « tools » of political action in Egypt and Turkey were the new social media that inherently increased the danger that the political will be erased from the world [16], because the new social media are a virtual marketplace without being the place of political action.

The « philosophical space » of Philosophical Practice is exactly *the* public space, which is the place of political action to the « citoyen » or the citizen who is politically active. For Philosophical Practice, understood as « political philosophy » – to borrow Plato's words – the Agora is the

13. *Cf.* the original title of R. Sennett, *Verfall und Ende des öffentlichen Lebens. Die Tyrannei der Intimität*, Frankfurt a. M, Fischer, 1986.

14. J. Manemann, *Wie wir gut zusammen leben. 11 Thesen für eine Rückkehr zur Politik*, Ostfildern, Patmos, 2013, p. 14, « Schrei des Herolds », *cf.* also Aristotle, *Politics*, 1326b.

15. Quoted in S. Žižek, *Die Tücke des Subjekts*, Frankfurt a. M, Suhrkamp, 2001, p. 216 ff. Translation Th. P. : « The wound is only to be closed by the lance that cut it ».

16. H. Arendt, *Was ist Politik ?*, *op. cit.*, p. 13.

place of finding truth as well as the place of acquiring freedom. Through the maintenance of the «public sphere» as a «philosophical space», Philosophical Practice takes account of the fact that human consciousness itself is constitutively «dialogic». Because openness towards other human beings and towards the world is a general attribute of human consciousness, German philosopher Volker Gerhardt describes the human as *homo publicus*. The public space as a «philosophical space» of Philosophical Practice is the space where mutual openness and attentiveness of the Philosophical Practitioner and his guest enable the discovery of truth and the acquisition of freedom within the dialogical thinking in the first place. Openness and attentiveness transfer the homo publicus into the public space as the place of political action.

For Aristotle, each Polis was the place of the political; nowadays the place of political action is the human being itself, whose openness for his or her fellow human beings transfers its consciousness into a «public space». In his book *Öffentlichkeit* Volker Gerhardt calls this constitutive attentiveness and openness of the human consciousness to the world and fellow men «die politische Form des Bewusstseins»[17]. Thus, for Philosophical Practice, the «public space» would be the space where the political form of consciousness has a place. Insofar, the «public space» is there where an attentive consciousness is sharing a «common world» (Gerhardt) with the others. To take a stand for the public space as a place of political action means for «political philosophy» of Philosophical Practice to speak up for the «political freedom» since «political freedom» is lost if the Agora is not the place of political action to the «depoliticized consciousness» anymore, because it is not a public space. The «implosive and explosive depoliticization» are the two forms of the «depoliticized consciousness». They have something in common: the place of openness and attention for a world shared with others is lost by the termination of the «between» which was declared by Hannah Arendt to be the proper attribute of political action.

> *Zoon politikon*: als ob es im Menschen etwas Politisches gäbe, das zu seiner Essenz gehöre. Das stimmt gerade nicht; der Mensch ist a-politisch. Politik entsteht in dem Zwischen-den-Menschen[18].

17. V. Gerhardt, *Öffentlichkeit*, *op. cit. passim*. Translation Th. P.: «The political form of consciousness».

18. H. Arendt, *Was ist Politik?*, *op. cit.*, p. 11, Translation Th. P.: «*Zoon politikon*: as if something political would exist *within* the human being, belonging to its essence. But exactly this is not true; the human being is a-political. Politics is generated between-the-humans, which is *outside* the human being. Therefore, a political substance does not really exist. Politics evolves in-between».

Someone lives *between* the people when s/he has a relationship with others, because s/he can see and hear them. Howsoever: the « implosive » and « explosive depoliticization » lead to unfreedom because the termination of the « between » destroys the possibility of political action within the public space.

To Hannah Arendt, the alienation of the world in our late modern age and the loss of a collective sense [19] are the two sides of the same coin. When I mention the « implosive depoliticization », I am speaking about this loss. An example for the « implosive depoliticization » is the « citoyen » in the extreme individualism of the cultural west, who has disappeared leaving only the « bourgeois ». About 200 years ago, Alexis de Tocqueville predicted this in his classic « Die Demokratie in Amerika » :

> Seine Kinder und die guten Freunde sind ihm das ganze Menschengeschlecht. Was seinen Umgang mit den Mitbürgern angeht, so mischt er sich wohl unter sie, aber er sieht sie nicht ; er berührt sie, aber er spürt sie nicht [20].

Several years ago, in an interview, a famous German intellectual mentioned how she was touched by the suffering of the El Salvadorian people. Then, the journalist asked : « Do you have family there ? » To me, this is an example of imploded political consciousness. Another example of « implosive depoliticization » is the politics of the post-political modern times. The political action atrophies to a mere pragmatism, because politics was mistakenly seen as the « art of possibility ». However, the specific characteristic of political action is its capability to transform the impossible into the possible. Such politics change the parameter of what is considered « possible » in existing constellations [21]. The French-German friendship after WWII achieved by Charles de Gaulle and Konrad Adenauer, may serve as an example for this type of political action : archenemies became friends.

The « explosive depoliticization » turns opponents into enemies. The « gateway » for the « explosive depoliticization » is hatred. As only enemies exist, the « explosive depoliticization » declares war to the social world. This certainly holds true for the international terrorism of our days culminating in the attack on 9/11. Concerning international terrorism, I agree with Slavoj Žižek : « The terrorism at the beginning of the 21st century

19. *Cf.* H. Arendt, *Vita activa oder vom tätigen Leben*, Stuttgart, Piper, 1960, p. 272.

20. Taken from the motto of R. Sennett, *Verfall und Ende des öffentlichen Lebens*, *op. cit., p.* 6. Translation Th. P. : « His children and good friends are the whole of mankind to him. Concerning his contact to his fellow citizens he mingles with them, but he doesn't see them, he touches them, but does not feel them ».

21. *Cf.* S. Žižek, *Die Tücke des Subjekts*, *op. cit.* p. 274.

depoliticizes the conflict by means of a direct militarization of politics to an extreme by rephrasing politics into a war between 'us' and the 'other', our enemy»[22].

For Philosophical Practice as «political philosophy», the public space is the place of political action, if and where the other one or ones who think differently are not considered enemies but opponents. An «opponent» is someone with whom a conflict is argued out in a public space and with whom a consensus is to be reached. Plato, representing «anthropologic revolution», is an «ally» of such a Philosophical Practice. He transforms the braveness of a warrior, who knows only enemies, into the solidness of a citizen, who can offer resistance to a political opponent in the public space. For Plato, Socrates is certainly such a solid citizen. Plato's *Symposium* is to be remembered in this context: if someone was to lay hands on Socrates, he would defend himself with all his power[23]. Philosophical Practice as «political philosophy» counts on the warrior within the citizen, who is resistant and willing to resist. *Laches*, on the contrary, is the warrior who proves his braveness outside of the public space, namely on the battlefield. Terrorists are people, who transform marketplaces into battlefields and therewith regress to a level beneath the state of consciousness on which our culture and civilization is founded. What composes the human being is his or her possibility to recognize within the other one not the enemy but the opponent.

The distinction between «opponent» and «enemy» is indispensable for Philosophical Practice that understands the public space as the «philosophical space». As a «political philosophy» it will resist all attempts to «dissolve» the «political» within the «moral», the latter only knowing «the good» and «the evil». Precisely with this distinction, heads of state can split societies by defining their supporters in the public space as «the good» and declare their opponents to be the incarnated evil. Authoritative leaders of states declare resisting citizens to be «terrorists» if their fight for freedom endangers the authoritative regime.

According to Chantal Mouffe, Philosophical Practice as «political philosophy» will insist on the fact that the contrast of opponents, the contrast between «us» and «the others», constitutes no less than the essence of the political[24]. In conformity with Mouffe, for the «political philosophy» of Philosophical Practice the political would be the horizon of Philosophical Practice, because its «philosophical space» is the public

22. Cf. S. Žižek, *Die Tücke des Subjekts*, op. cit. p. 260.

23. Cf. Plato, *Symposium*, 221b.

24. *Cf.* C. Mouffe, *Über das Politische. Wider die kosmopolitische Illusion*, Frankfurt a. M., Suhrkamp, 2007, p. 17 ff.

space which is the place of political disputes between opponents and the place of consensus-building. In contrast to enemies, opponents accept the «common set of rules»[25] while carrying out their oppositions. The accepted oppositions between opponents are the indicator of every democratic social order that Philosophical Practice is obliged to.

Through dialogical thinking with its guests, Philosophical Practice will awake and keep alert the «citoyen» within the citizen, who is a singular representative of the general. Examples of the «citoyens» who are a singular representative of the general were the protesting citizens of the GDR citizens who were taking to the streets in 1989, shouting: «We are the people!» Here, a part of society claimed to represent the whole. When I am talking about the citizen as the singular representative of the general, I am speaking of the people who claim their part of political power, for example during demonstrations or riots, which an authoritative ruling elite or dictators claim for themselves in a repressive way. Thus, this part of the population that claims political power for itself, because it doesn't have a part in power, is called «the part of those who have no part» by Jacques Rancière[26]. To me, these are the citizens who claim to be the representatives of the whole society. To Rancière, «politics» in the proper sense can only exist when, and where «the part of those who have no part» claims to be the representatives of the general. An example is group of the protesters and insurgents in Egypt, who demanded the deposition of president Mursi. They are the example of the singular I, that wants to be a representative of the general, in this case a representative of the people of Egypt.

Philosophical Practice as «political philosophy» intends to awaken and keep alert the singular self. This is to be achieved by «translating» individual vital issues into a question that tendentially and principally is of general or public interest. As distinct from the academic discipline of philosophy, Philosophical Practice does not rely on discursive reason, but on dialogical thinking. Only dialogical thinking can mediate between person and the matter that is necessarily of interest for everyone[27], since discursive reason refers only to the arguments of the dialogue partner. On the other hand, dialogical thinking in Philosophical Practice refers to the person of the citizen, for whom the problem in question is of existential

25. *Cf.* C. Mouffe, *Über das Politische*, *op. cit.* p. 70. My translation of «gemeinsamer Regelkanon».

26. *Cf.* J. Rancière, «Politisches Denken heute. Die normale Ordnung der Dinge und die Logik des Dissenses», *Lettre International* 61, 2003, p. 6. My translation of «Teil der Anteilslosen».

27. *Cf.* I. Kant, *Kritik der reinen Vernunft*, Hamburg, Meiner, 1956, B868.

concern. Through dialogical thinking, the existentially relevant question of the guest becomes a matter of public discourse.

To Philosophical Practice the « public space » for the « translation » of the citizen's private issues into a « language » of questions of public relevance is the agora. Plato's work *Laches* might serve as an example: here the issues of the citizens Lysimachus and Melesias (the question whether or not they ought to fight with heavy weapons) are « translated », in conversation with Laches, Nicias and Socrates, into the language of public relevance (the question: what is bravery?). Because Socrates accomplishes this « translation task » in a dialog on the Athenian agora; he is the « political » Socrates to me. I call a Philosophical Practitioner who follows suit in this manner a « type Socrates ».

With its dialogical thinking, Philosophical Practice as « political philosophy » strengthens the « citoyen » within the « bourgeois », because a constitutive cohesion exists between thought and political action. In his book *Die Tücke des Subjekts*, Slavoj Žižek mentions that both thought and political action establish an order that would not exist without either thought or political action. Ever since Kant, the « cosmos » is deemed to be inexistent. « Die ganze Idee eines Kosmos als ontologisch vollständig konstituierte Totalität ist widersprüchlich »[28]. Let me interpret: The world has no divinely ordained given order – as with Augustine –; instead, the order, the « cosmos », is matter of the subject that establishes this order through its thinking. Thus, through thinking, the subject achieved to transform the « disorganized » into an order of reality which, according to Žižek, turns « jede Ontologie politisch: Basierend auf einem verleugneten « subjektiven Entscheidungsakt »[29]. Therefore, for « political philosophy » of Philosophical Practice, the « citizen » is not only the citizen who takes on the public affairs as his own; a « citizen » is furthermore the citizen who constitutes through political action or thinking, the order that is in its existence dependent on his/her decision-making. Philosophical Practice is obligated to the « citoyen », who, by means of his decision-making and his/her actions, shapes the public space. In Philosophical Practice, it is dialogical thinking that awakens and keeps alert the will of the « citoyen » within the « bourgeois » to act politically.

Dialogical thinking is central to Philosophical Practice as « political philosophy ». But in case of the « political philosophy » of Philosophical Practice, dialogical thinking does not aim for mutual understanding.

28. S. Žižek, *Die Tücke des Subjekts*, *op. cit.* p. 87. Translation Th. P.: « The whole idea of a « cosmos » as an ontologically completely constituted totality is contradictory ».

29. S. Žižek, *Die Tücke des Subjekts*, *op. cit.*

Rather, mutual understanding serves as education[30]. The fact that Philosophical Practice educates its guests to become « citoyens » who take responsibility for their society, and our globe corresponds to this. This type of education in Philosophical Practice is intended to supply the resources for the citizen who dedicates himself/herself to public welfare, and acts politically in the public space. This type of education in Philosophical Practice as « political philosophy » provides the pre-political resources to form the resistance and willingness to resist of the citizen. Here I agree with Jürgen Habermas : the « citoyen » within the citizen is embedded in a civil society that subsists on spontaneous « pre-political » sources[31] and is able to obtain validity independent of religious and metaphysical traditions. An example for these pre-political sources that enable conflict and consensus at the agora are bravery (*andreia*) and prudence (*sophrosyne*). Let us recall : in his *Politikos*, prudence and bravery are to Plato the « royal web »[32] (Plato) out of which Socrates' power of perseverance, his *karteria*[33] is woven.

The other name for an education that has an identity-establishing force is remembrance. Yet an occidental Philosophical Practitioner does not remind his guests of their own biographies but of the legacy of the occidental philosophical tradition. He has confidence in the identity-establishing force of this legacy. Therefore, for a Practitioner, « Education » means : Educating that what constitutes a human being as a human being. Philosophical Practice reminds its guests of themselves when it reminds them, through dialogical thinking, of their very own contents of thought, of what constitutes human beings as human beings. In 2014, remembrance of the legacy that is stored in the collective memory of our culture turns the « nectar » of the occidental philosophic tradition into « honey » for its guests – in a Europe that is increasingly about to lose its collective memory. For the « political philosophy » of Philosophical Practice, the alternative to the « implosive and explosive depoliticization » within our post-political late modern times is an *erinnerungsbegabte Vernunft*[34]. It is the source

30. In German, « education » has two distinct meanings of which only one is meant in this context. I neglect the use of education as « Erziehung », which is, roughly, the accumulation of norms and knowledge commonly agreed upon as important in a given society. I use « education » as « Bildung », which is connected to the personhood of a subject.

31. *Cf.* J. Habermas, « Vorpolitische Grundlagen des demokratischen Rechtsstaates ? », in F. Schuller (hg.), *Dialektik der Säkularisierung. Über Vernunft und Religion*, Freiburg, Herder, 2005, p. 23.

32. Plato, *Statesman*, 305e. My translation of « königliches Gewebe ».

33. Plato, *Symposium*, 220c.

34. J. Metz, *Memoria Passionis. Ein provozierendes Gedächtnis in pluralistischer Gesellschaft*, Freiburg, Herder, 2006, p. 236 s. Tr. Th. P. : « Reason capable of remembrance ».

of a *politische Form des Bewusstseins*[35] because it opens humankind up for its surroundings and its fellow human beings, and establishes the platonic agora as a public space. Philosophical Practice aims at awakening and keeping alert the « public use of reason », as well as the « political freedom », through which the marketplace has been converted into the « public space » that is the place for political action. It is the power-oriented capitalism of the cultural West that destroys the marketplace as a public space, for the late modern financial capitalism converts the human being that is open to his fellow beings and the world, the *homo publicus*, into the *homo oeconomicus*. On the marketplace, the *homo oeconomicus* is, with his economical rationality, solely interested in his own concerns, and therefore keeps an eye on his Smartphone at all times.

BIBLIOGRAPHY

ADORNO Theodor, *Minima Moralia. Reflexionen aus dem beschädigten Leben.* Frankfurt a. M., Suhrkamp, 1978.

ARENDT Hannah, *Vita activa oder vom tätigen Leben,* Stuttgart, Piper, 1960.

—, *Was ist Politik?* München, Piper, 2005.

—, *Ich will verstehen. Selbstauskünfte zu Leben und Werk*, München, Piper, 2013.

ARISTOTELES, *Politik*, übersetzt von Hermann Bonitz, Eugen Rolfes, Horst Seidl und Hans Günte, Hamburg, Meiner, 1995.

ECKHART, *Deutsche Predigten und Traktate*, München, Diogenes, 1979.

GERHARDT Volker, *Öffentlichkeit. Die politische Form des Bewusstseins,* München, C. H. Beck, 2012.

HABERMAS Jürgen, « Vorpolitische Grundlagen des demokratischen Rechtsstaates ? », *in* Florian Schuller (hg.), *Dialektik der Säkularisierung. Über Vernunft und Religion*, Freiburg, Herder, 2005, p. 15-37.

KANT Immanuel, *Kritik der reinen Vernunft*, [1781], Hamburg, Meiner, 1956.

—, « Was ist Aufklärung ? » [1784], in *Ausgewählte kleine Schriften*, Horst D. Brandt (hg.), Philosophische Bibliothek 512. Mit einem Text zur Einführung von Ernst Cassirer, Hamburg, Meiner, 1999.

LUHMANN Niklas, « Öffentliche Meinung », in W.R. Langenbucher (hg.), *Politik und Kommunikation. Über die öffentliche Meinungsbildung*, München/Zürich, Piper, 1979, p. 29-61.

35. *Cf.* the subtitle of V. Gerhardt, *Öffentlichkeit*, *op. cit*. Translation Th. P.: « political form of consciousness ».

MANEMANN Jürgen, *Wie wir gut zusammen leben. 11 Thesen für eine Rückkehr zur Politik*, Ostfildern, Patmos, 2013.

METZ Johann, *Memoria Passionis. Ein provozierendes Gedächtnis in pluralistischer Gesellschaft*, Freiburg, Herder, 2006.

MOUFFE Chantal, *Über das Politische. Wider die kosmopolitische Illusion*, Frankfurt a. M., Suhrkamp, 2007.

PLATON, *Politikos*, übersetzung Otto Apelt, Hamburg, Meiner, 2004.

PLATON, *Symposion*, übersetzung Otto Apelt, Hamburg, Meiner, 2000.

POLEDNITSCHEK Thomas, *Der politische Sokrates. Was will Philosophische Praxis?,* Berlin, LIT, 2013.

RANCIÈRE Jacques, « Politisches Denken heute. Die normale Ordnung der Dinge und die Logik des Dissenses », *Lettre International* 61, 2003, p. 5-7.

SENNETT Richard, *Verfall und Ende des öffentlichen Lebens. Die Tyrannei der Intimität*, Frankfurt a. M, Fischer, 1986.

ŽIŽEK Slavoj, *Die Tücke des Subjekts*, Frankfurt a. M., Suhrkamp, 2001.

PHILOSOPHICAL PRACTICE AS A WAY OUT OF THE *APORIA* OF MODERN PHILOSOPHY

LEON DE HAAS

INTRODUCTION

In 1981, German philosopher Gert B. Achenbach appropriated the word pair « philosophical practice » to name a counseling-like philosophical service[1]. His concept of « praxis » differed from Karl Marx'. In the 19th century, Marx criticized the philosophical practice of « explaining the world », and replaced it with the social-political practice of « changing the world » (the 11th Thesis on Feuerbach). In the 20th century, especially in the roaring twenties, sixties, and seventies, the Marxist idea of praxis revived. In the 1960's and 70's, philosophers wanted philosophy to be practical in a social-political sense[2]. In Achenbach's consulting room, however, the philosopher's practice is not a social action, but a therapeutic conversation.

It turned out that Achenbach touched a raw nerve : he was not the only young philosopher craving for alternatives for the academic professional practices. In the early 1980's, the jobs at the philosophical institutes were occupied ; the new generation longed for non-academic ways to earn their money as a philosopher. Achenbach's « small business man » profile of the philosophical practitioner provided for a need. This profile

1. G. B. Achenbach, *Philosophische Praxis*, Köln, Dinter Verlag, 1984.

2. L. de Haas, « Leon de Haas », in J.B.L. Knox, J.K. Olsen Friis (ed.), *Philosophical Practice. 5 Questions*, Copenhagen, Automatic Press, 2013, p. 109-121, this subject on p. 109-111.

was shaped after the psychotherapist model, but at the same time, it was negatively defined against both («unworldly») academic philosophy and («psychologizing») psychotherapy.

In the 80's and 90's, there were several dozens of philosophical practitioners in the Western world. Nowadays, we have to count in several hundreds worldwide.

Right from the beginning, philosophical practitioners have been working on the professional development of their practice. They meet at international conferences (the 14th will take place in 2016 in Bern, Switzerland). There are associations in several countries all over the world; some of them publish a journal and organize courses for starters. The number of books on the different forms of philosophical practice is growing. And ever since 1981, the original «individual conversation» form of practice has been complemented by other forms, particularly group conversations, philosophical café, and philosophy with children.

Nevertheless, in spite of the efforts to professionalize the practice, it is absolutely premature to call this practice a profession. We still do not have shared criteria for comparing and judging philosophical practices, nor do we have a substantial quantity of recorded and documented cases. Just a few practitioners published video recordings or transcriptions of cases of philosophical practice[3].

In the first part of this essay, I will propose criteria for comparing cases of philosophical practice, which I call «discriminating parameters». In the third part, I will characterize my own way of philosophical practice in terms of discriminating parameters. I will use the «supportive mountain guide» metaphor. This «guide» metaphor serves to characterize the way I support my guest's self-reflection and change. This way of philosophical practice has been developed as a reply to the two *aporias* of Modern Western philosophy: Husserl's phenomenology and Wittgenstein's philosophical investigations. These *aporias* will be explained in the bridging second part.

Discriminating parameters of philosophical practice

The international community of philosophical practitioners lacks a shared body of knowledge concerning the aims, methods, and ethos of philosophical practice. There is just an unreflected patchwork of views and approaches[4]. Some of them are explicitly developed from an elaborated

3. Video recordings (in English) of philosophical conversations with the French philosopher Oscar Brenifier and with the Israeli-American philosopher Ran Lahav can be watched on YouTube.

4. L. de Haas, «Encounters and Dialogues. Styles and Levels of Communication in

look at philosophy and philosophical practice. Some others seem to hardly be substantiated.

Just a few practitioners explicitly demonstrated their way of doing philosophical practice by means of videos, books, articles, and workshops. As their work is distinctive, I call them «paradigmatic practitioners». Quite a few practitioners follow their way of working, or, at least, are inspired by it. There are paradigmatic practitioners in any branch of philosophical practice. For instance, in philosophical counseling, Gerd Achenbach, Lou Marinoff, Anders Lindseth, Ran Lahav, Peter Raabe, and Oscar Brenifier can be mentioned; in neo-Socratic dialogue (Nelson style[5]), Gustav Heckmann, Jos Kessels, Dries Boele, and Kristof Van Rossem; in philosophical café Marc Sautet; in philosophy for children Matthew Lipman and Oscar Brenifier (this list is far from exhaustive).

Because we lack a covering and systematic survey of views and methods in philosophical practice, we can merely try to discover certain patterns of similarities and differences. In this section of the essay, I will propose a way to map the landscape. I draw from several sources: books, articles and videos, as well as interviews I had with colleagues, and workshops and lectures I attended at conferences and seminars[6]. So what I present here is an «educated impression» of the landscape of philosophical practice.

Involvement : formal or material

To what extent is the philosophical practitioner involved in his guest's worries, questions, stories, problems, wishes, desires, emotions, etc.?

Formal involvement

The so-called «moderators» of neo-Socratic dialogues[7] are, as moderator, not engaged in the content of the guest's story, but primarily in the

Philosophical Practice», *Journal of Humanities Therapy*, 2, December 2011, p. 95-121, this subject on p. 103-106.

5. D. Birnbacher, D. Krohn (hg.), *Das sokratische Gespräch*, Stuttgart, Reclam, 2002.

6. The sources for this essay include conversations with philosophical friends; interviews with colleagues; the participation in the International Conference on Philosophical Practice (ICPP) in 2008, 2010 and 2012, in the Internationale Gesellschaft für Philosophische Praxis (IGPP) conferences over the years, and in the Vereniging voor Filosofische Praktijk (VFP) conferences in the years 2005-2009; my work as editor «Philosophical Practices» of the Dutch/Flemish journal *Filosofie*.

7. I consider these dialogues «neo-Socratic», because they are based upon Leonard Nelson's interpretation of Plato's dialogues. *Cf.* L. Nelson, «Die sokratische Methode». Vortrag, gehalten am 11 Dezember 1922 in der Pädagogischen Gesellschaft in Göttingen, *in* O. Meyerhof, F. Oppenheimer, M. Specht (hg.), *Abhandlungen der Fries'schen Schule*.

process of the conversation and thinking. Any question, any theme, is fit for a neo-Socratic dialogue. The moderator's main task is, to regulate and manage the process of «thinking together». The various «schools» or «styles» in the moderation of neo-Socratic dialogues can partly be recognized by their procedures and *ethos*. Some are more detailed and rigorous in rule giving and enforcement than others. Jost Guido Freese (Germany)[8] limits the quantity of rules to four, and he permits a certain degree of anarchism and rebellion in the group conversation, while most strict neo-Socratic «facilitators» are rather detailed in rule setting and strict in maintaining the procedural structure[9].

I call this kind of (individual or group) counseling «*formal*», because the counselor is primarily focused on the formal aspects of thinking and discussing. The existential concern of what is being thought and discussed is the guest's matter, not the philosopher's.

Eite Veening (Netherlands) works formally, as well[10]. He does not use the severe neo-Socratic procedures, but applies the focus and instruments of analytic philosophy. Though he is, as a human being, really concerned with the guest's existential worries, as a philosophical counselor he supports the formal process of the guest's thinking.

Young E. Rhee (South-Korea) has a comparable formal approach. His frame of reference is the philosophy of mind[11].

Dries Boele (Netherlands) works as a moderator of neo-Socratic dialogues, but does not seem to be formal in his approach[12]. The same goes for the approach of Hans Bolten (Netherlands) and Kristof Van Rossem (Belgium). They stress both the moderator's personal involvement in the conversation, and the importance of rule setting and enforcing[13]. They seem to balance on the edge between a formal and material approach. I call approaches «material», if the philosophical practitioner is mainly

Neue Folge 5, Chap. 1, Göttingen, Verlag Öffentliches Leben, 1929, p. 21-78.

8. J.G. Freese, «Socratische moderatie. Conceptuele overwegingen en ervaringen in het modereren van filosofische cafés», *Filosofie*, 23-5, September-Oktober 2013, p. 51-75.

9. For example K. Van Rossem's *What is a Socratic dialogue?*, http://www.dialogism.org/socratic_dialogue_KvRossem.pdf.

10. E.P. Veening, *Het filosofisch consult*, Leusden, ISVW Uitgevers, 2014.

11. Y.E. Rhee, «Embodied Mind Theory as a Foundation of Philosophical Practice», *Journal of Humanities Therapy*, 1, December 2010, p. 129-143.

12. D. Boele, «Bij wijze van gespreksleiding: Over visieontwikkeling, zich inleven en levenskunst», in J. Delnoij, W. van Dalen (ed.), *Het socratisch gesprek*, Budel, Damon, 2003, p. 157–179.

13. H. Bolten, K. Van Rossem, «Wilt u gestoord worden? Diagnose, anamnese, elenchos», in J. Delnoij, W. van Dalen (ed.), *Het socratisch gesprek*, Budel, Damon, 2003, p. 264-279.

focused on the content of the guest's question, story, propositions etc. I should call Bolten and Van Rossem's approach « hybrid ».

Material involvement

French philosopher Oscar Brenifier's approach is also Socratic, but different from the neo-Socratic dialogues. He demonstrates his way of individual counseling at lots of places, from YouTube to conferences and village squares. Superficially observed, he seems to focus only on his guest's words and sentences. He plays with logic and pushes the guest to logical choices, which sometimes means that he drives his guest to helplessness, if not despair. But it is this pushing which betrays Brenifier's focus : at the end, it is not on the meaning of words and the logic of arguments, but on what happens in the guest's mind. Once in a conversation, Brenifier told me that, in philosophical conversations, he is out for deregulating the guest's mind. He aims at forcing the guest out of his or her familiar ways of thinking. At the 11th ICPP in South-Korea [14], Brenifier used the « samurai » metaphor for characterizing his approach ; it emphasizes the radical, sometimes aggressive nature of his interventions. At such moments, he is a warrior. He can also be compared to a Zen master, who deregulates the student's familiar mind and is not willing to please this cozy mind. So I would say Brenifier's approach is material, rather than formal, in spite of the formal-logical looks of his conversations [15].

Ran Lahav (USA and Israel) is a distinct example of a practitioner's *material* focus [16]. He refers to Plato's cave metaphor. His concern is to have his guest become conscious of his « cave »-like mental situation, and to challenge him to get out of the cave. Lahav uses the concept of « perimeter », i.e., the perceptive and conceptional circle someone is mentally imprisoned in. He listens to the guest's story, to discover patterns of perimeters and perspectives. And once discovered – above all by the guest himself –, the practitioner starts to influence the guest towards a perimeter change [17]. Of course, the conversation happens by means of words and sentences, but the counselor's attention is not primarily focused

14. *International Conference on Philosophical Practice*. The 11th ICCP took place in Chuncheon, Republic of Korea, 2012 ; the 12th in Athens, Greece, 2013 ; the 13th in Belgrade, Servia, 2014.

15. L. de Haas, « Encounters and Dialogues. Styles and Levels of Communication in Philosophical Practice », *Journal of Humanities Therapy*, 2, December 2011, p. 95-121.

16. R. Lahav, « Ran Lahav », in J.B.L. Knox, J.K. Olsen Friis (ed.), *Philosophical Practice. 5 Questions*, *op. cit.* p. 159-169. See also R. Lahav's videos on YouTube.

17. R. Lahav, « Filosofische counseling en zelftransformatie », *Filosofie*, 24-6, November-December 2014, p. 46-50.

on the language. Here, the philosopher is mainly interested in the guest's existential situation, not in the logic of his or her language, and neither in the formal process of the conversation.

Other examples of a material focus are practitioners who mainly care for existential or spiritual goals, such as « personal development », « enlightenment », « a good, or moral life », etc.

Object : semantic or pragmatic

The discriminating parameter « involvement » concerns the degree of engagement in the content of the guest's words, or life experiences. Does the practitioner participate in the guest's « inner » processes, or is he simply performing the « outer » (i.e., formal, or technical, or organizational) conditions of the process of the conversation ? The parameter « object » is related to materials of the practitioner's intervention. Here, the philosopher works with either the semantic or the pragmatic aspects of the guest's utterances.

Most neo-Socratic moderators are mainly interested in the *semantic* aspects. What is the meaning of the guest's proposition – in general, and in the case of the guest's issue ? Within the context of the conversation, specific personal experiences are only allowed as *examples* of the meaning of a word, sentence, or argument. It is not the purpose – or not even allowed, as with Brenifier – to elaborate the guest's specific personal experiences. In the semantic approach, the concrete example might be more or less detailed, but at the end, the conversation works with the semantics, not with the pragmatic context of the words, i.e., with concrete situations and experiences.

In the practice of colleagues like Lahav, Lindseth, and Heutz (Netherlands), the philosopher's attention is focused on the *pragmatic* context of the guest's story : his or her existential troubles and worries, the biography, the desires, the life style, etc. [18].

18. A. Lindseth, *Zur Sache der Philosophischen Praxis. Philosophieren in Gesprächen mit Ratsuchenden Menschen*, Freiburg/Hamburg, Verlag Karl Alber, 2005 ; A. Lindseth, Von der Methode der Philosophischen Praxis als dialogischer Beratung, *in* D. Staude (hg.), *Methoden Philosophischer Praxis. Ein Handbuch*, Bielefeld, Transcript Verlag, 2010, p. 67-100 ; L. de Haas, « Filosofische praxis als liefdevolle krijgskunst. Een portret van filosofisch therapeut Will Heutz », *Filosofie* 24-2, January-February 2014, p. 50-53.

Objective : explanation or investigation

The discriminating parameters are related to aspects of the practitioner's focus, attitude, intention, aim, and way of working. Besides involvement (professional and personal engagement) and object (material of the intervention), the philosopher's *objective* is of importance : what does he want to achieve in the conversation ?

Famous yet trivial is Socrates' proposition that he doesn't know anything ; that he is just asking questions. Brenifier tells the same (he did so after a counseling conversation in public at the Kangwon National University in South-Korea at the 11th ICPP). Socrates was not striving after whatever definition of the concept at stake, nor after whatever explanation of the theme under discussion. He just was *investigating*, without the aim to explain. Moreover, his focus was to undermine any definite definition and explanation. He aimed at *aporia*, i.e., the experience of being jammed on your way to grasp a definition or explanation.

Anyway, here we see a difference between Socrates and Brenifier, as the latter ends up answering the guest's question – albeit the guest's and not the philosopher's answer (Brenifier's endeavor is maieutic, like Socrates').

In general, neo-Socratic moderators have an investigational objective. Although most guests want to get explanations and solutions, the philosopher does not. The philosopher's task is to question and undermine the guest's cognitive certainties, in order to stimulate his or her own thinking. The guest is challenged to distrust his or her familiar thoughts and thinking, and to keep searching for new possibilities and perspectives.

Also, practitioners with so-called « existential » focus of attention are generally willing to *interpret* the guest's story, to solve his or her problem, and to advise some alternative behavior or even an alternative life style. Lahav and Heutz are examples of such an objective (the former more modest than the latter).

As to the « objective », we also see « hybrid » approaches. The practitioner focuses on investigation techniques (e.g. conceptual analysis and logical clarity), but cannot resist the urge to push the guest into some (desired) cognitive or moral direction.

A practitioner's « profile »

With the three discriminating parameters in mind, it is possible to sketch a profile of a specific philosophical practitioner. So, for instance, the way Brenifier practices individual philosophical counseling is *material* as regards « involvement », *semantic* as regards « object », and *investigating* as regards « objective ». Lahav's approach is *material* as regards « involvement », *pragmatic* as regards « object », and *investigating* as regards « objective ». Van Rossem's approach is *hybrid* as regards « involvement », *semantic* as regards « object », and also *hybrid* as regards « objective ».

I use Brenifier, Lahav and Van Rossem as examples, because they published video recordings of sessions on the internet (Van Rossem's are in Dutch). So, the reader can assess my profiling. Other profiles might be derived from articles, books and workshops. Anders Lindseth (Norway) is definitively engaged in the guest's story, and his object is the experiential and situational content of the story. At first glance, his objective seems more investigating than explaining. However, because of psychological bias in his philosophical attention, his approach must be considered hermeneutically framed [19].

Canadian philosopher Peter B. Raabe's approach is emphatically aimed at understanding and explaining the guest's story. Raabe's involvement is material (the content of the guest's story, experiences, desires, etc.). However, in his approach we clearly see a strategic plan ; the process is structured by Raabe's ideas about the steps in the client's process (Raabe's « tree of knowledge »). We could call this a formal feature of his approach. His object is not strictly the language of the story, but the guest's life practice. Dominant in his approach is his objective to explain the guest's issue and to find an answer to his or her question. [20] In fact, Raabe considers philosophy « a therapeutic method in mental healthcare » [21].

Thomas Polednitschek (Germany) is highly engaged in the existential content of the guest's story and his object is not just the strictly situational context of the story, but also its historical and political-social context. Actually, the explanation and solution of the guest's personal problem can only be established by a historical and socio-political diagnosis and by acts of socio-political revolution. So, Polednitschek's approach is dominantly aimed at a preconceived explanation (his socially-critical theory), and at a super personal solution (a social revolution) [22].

19. L. de Haas, « Nietzsche und die Krise der Philosophischen Praxis », *in* Th. Gutknecht (hg.), *Philosophische Praxis als Existenzmitteilung. Jahrbuch der Internationalen Gesellschaft für Philosophische Praxis* Bd. 6., Münster, Lit Verlag, 2014.

20. P.B. Raabe in his workshop « Philosophical Counseling and the Tree of Knowledge : Bringing the Client's Issues to Light » at the 11th ICPP in South-Korea.

21. P.B. Raabe, *Philosophy's Role in Counseling and Psychotherapy*, Plymouth UK, Jason Aronson, 2014, p. 32. *Cf.* L. de Haas, « A Skeptic's Look on Philosophical Therapy : A Criticism of Restorative Philosophy », *Journal of Humanities Therapy*, 6, June 2015, p. 131-156.

22. Th. Polednitschek, *Der politische Sokrates. Was will Philosophische Praxis ?*, Berlin, Lit Verlag, 2013.

My thesis is that every philosophical practice moves between the extreme values of the discriminating parameters. The so-called « hybrid » practices move somewhere in between the extremes.

In the following paragraphs, I will position my own practice in this landscape. It starts with my philosophical roots.

The aporia of Modern western philosophy

In the 19th century – the age of booming capitalism, industrialization, urbanization and social masses – philosophy started to go through her menopause. As a function of industrialization and social-political management, the natural and social sciences were released from their « mother » philosophy. Thereby, philosophy lost her credibility with regard to empirical knowledge of the world. In her life change crisis, philosophy looked for ways out. On the one hand, philosophers developed as servants of science, specializing in grounding scientific methodology and knowledge. On the other hand, philosophers tried to regain philosophy's supremacy and comprehensiveness. In the 20th century, this dichotomous development went on.

Already in the early years of Modern philosophy's crisis, Friedrich Nietzsche was aware of it, and looked for ways to overcome it, without bowing to the supremacy of Modern science or to the haughty agony of speculative philosophy. He considered philosophy's crisis to be a part of Europe's social-cultural crisis, and pricked her idea of truth.

In his early essay on « Wahrheit und Lüge im außermoralischen Sinne », Nietzsche wrote how the « Wille zur Wahrheit », the will to truth, functions in human societies[23]. It is an aspect of our survival. « Wahrheit », truth, is just another means to survive. It consists of representations of the world, mere metaphors, which are reduced to one another by means of concepts. Truth is the fiction that a human society imagines because of self-preservation – and which it considers to be the world itself. The medium of this fiction is language, the words.

What is a word ?, he asked. A word is a neurophysical-auditive occurrence (« the image of a nerve stimulus in sounds »).

Truth is made by humans when they convert words into concepts. Truth is a verbal, conceptual reality. We think that we can catch all kinds of specific concrete phenomena, each full of aspects, into the one and only concept, in which just one specific characteristic is named.

23. F. Nietzsche, « Wahrheit und Lüge im außermoralischen Sinne », *in* G. Colli, M. Montinari (hg.), *Friedrich Nietzsche Sämtliche Werke, Kritische Studienausgabe in 15 Bänden*, München, dtv/de Gruyter, 2009.

Truth is a property of the representation which we produce in our language, not a property of the world, the truth of which we pretend to see through.

Since then, all of Nietzsche's works breathe the spirit of this insight. He will, as an heir of European philosophy, never preach whatever truth. With him, philosophy no longer constructs understanding and explaining concepts. This philosopher, who puts a seal on the end of heuristic and hermeneutic philosophy, is a poet. He writes metaphors of his experiences, as a contemporary in the 19th century. His texts are *études*, not symphonies[24].

By unmasking philosophers' truth, Nietzsche revealed Modern philosophy's *aporia*: we meet an insurmountable obstacle; we cannot continue on the road of « truth »; we are perplexed. How could we possibly rescue philosophy's legacy, her « Grail » ?

After Nietzsche's Socratic intervention into Modern philosophy's consciousness and self-confidence, no sane philosopher can sell any interpreting or explaining utterance about the world as philosophical knowledge. Yet many a philosopher does so; even many a philosophical practitioner.

Philosophical practice as a consequence of Modern Philosophy

As said, philosophers tried and still try to find a way out of philosophy's menopause along two paths: as servants of science (the « scientific road »), and as rescuers of speculative, truth-telling philosophy (the « speculative road »). As I see it, the majority of philosophical practitioners moves along in one of these currents – or commutes between them. However, taking the *aporia* of Modern philosophy as exposed by Nietzsche seriously, I cannot continue the escape routes. I must follow the brave and radical « Nietzsche road », as explored by two *scouts*: Edmund Husserl and Ludwig Wittgenstein. The first followed the speculative road, the second the scientific. Both met somewhere in between and beyond. They carried out their explorations in the three decades following Nietzsche's death.

Husserl's « natural attitude »

Husserl started his career on the « scientific road ». He contributed to the foundation of mathematics. In his approach, he focused on the analysis of psychological processes that are needed to obtain the concept of number. From that, and inspired by Brentano, he became interested in

24. L. de Haas, *Nietzsche und die Krise der Philosophischen Praxis*, *op. cit*.

consciousness, which became his main topic of investigation. Here, his path crossed the « speculative road ».

Going back beyond Kant and Hegel, René Descartes' *Meditations* were Husserl's main source of inspiration. It was not so much Descartes' methodic doubting as it was his radical restart of philosophy[25]. That is what Husserl's project was on the threshold of 19th and 20th century: a radical restart of philosophy. He had to find this zero. It could not be Descartes' doubting, for that is a cognitive play, leading towards self-invented concepts and meanings.

Husserl observed Descartes' actual situation, when he was writing the *Meditations*. Descartes was explicit about it in the *Meditations*; he described where he was, and indicated the time:

> I [...] arranged for myself some time free from interruption. I am alone and, at long last, I will devote myself seriously and freely to this general overturning of my beliefs [...]. For example, the fact that I am here, sitting by the fire, wearing a dressing gown, holding this page in my hand and other things like that. Indeed, how could I deny that these hands or that body is mine unless perhaps I think that I am like some of those mad people whose brains are so impaired by the strong vapor of black bile that they confidently claim to be kings when they are paupers, that they are dressed up in purple when they are naked, that they have an earthenware head, or that they are a totally hollowed-out shell or are made of glass. But those people are insane, and I would seem to be equally insane if I followed their example in any way[26].

Descartes was aware of being at that time in that room, and aware of his senses and sensory perceptions. In the process of doubting, he was an observing man. He described his perceptions and asked whether he could doubt their certainty. He did not start from his concepts, but from his perceptions.

Later, in the Second Meditation:

> For example, let us take this wax. It has just been extracted from the honeycomb. It has not yet completely lost the taste of honey and it still retains some of the scent of the flowers from which it was collected. Its colours, shape and size are obvious. It is hard, cold, easy to touch and, if tapped with a finger, it emits a sound. Thus it has everything that seems to be required for a body to be known as distinctly as possible. But notice that, as I speak, it is moved close to the fire. It loses what remains of its taste, its smell is lost, the colour changes, it loses its shape, increases in

25. E. Husserl, *Cartesianische Meditationen. Eine Einleitung in die Phänomenologie* [1929], Hamburg, Felix Meiner Verlag, 2012, p. 3-5.

26. R. Descartes, *Meditations* [1641], Translated by Desmond M. Clarke, London/New York, Penguin Books, 2010, First Meditation, p. 19-20.

> size, becomes a liquid, becomes hot and can barely be touched. Nor does it still emit a sound if tapped. But does the same wax not remain? It must be agreed that it does; no one denies that, no one thinks otherwise [27].

Descartes restarted philosophy by describing and considering his concrete perception, his experience of the current situation, where he was right at that moment. That was the only way to restart philosophy.

Husserl did the same in the new historical situation at the transition between the 19th and the 20th century. As Descartes' age was the beginning of Modern science and philosophy, Husserl's was the crisis of Western science and philosophy [28]. Both *positive* science and *speculative* philosophy has lost its sense. Philosophy had to re-think itself to re-think science. Here, Husserl proves to be a *vanguard* thinker, who picks up the loose ends of both the *scientific* and *speculative* escape routes. His genius came to expression in his Cartesian inspiration: « let's forget what we all think we know, at least for a while; let us pay attention to what presents itself to us; let us experience the world before interpreting her ».

Husserl started his fundamental phenomenological consideration by describing his own concrete situation [29]. He did it with what he called « the natural attitude », an attitude that is not yet – or not anymore – infected and clouded by intellectual thinking. We can boost our natural attitude by means of « *epochè* », i.e., by bracketing our intellectual pre-knowledge, our conceptual and cognitive bias (say, philosophy's conceptual and cognitive heritage). Thus, we are capable of really perceiving the world, i.e., to allow ourselves to let the world appear as it appears by itself. Of course, we are not value-free. Husserl was aware of Kant's transcendental analysis; as human beings, our senses have been defined; our mind is structured – and structuring. But in our natural attitude, we are capable of being aware of those definitions and structures; we can see them. And thus we can try to understand the nature of our consciousness. This understanding was the main objective of Husserl's project, searching for an answer on the sciences' and philosophy's crisis. But his revolutionary achievement was his farewell to heuristic and hermeneutic philosophy (despite the reversion in the work of his most promising student), the exposure of the philosopher's situation, and the re-discovery of the philosopher's presence, senses, and experience.

27. *Ibid.*, Second Meditation, p. 33.

28. E. Husserl, *Die Krisis der europäischen Wissenschaften und die transzendentale Phänomenologie* [1935], Hamburg, Felix Meiner Verlag, 2012.

29. E. Husserl, *Ideen zu einer reinen Phänomenologie und phänomenologischen Philosophie* [1913], Hamburg, Felix Meiner Verlag, 2009, p. 56.

Wittgenstein's « dada »

Ludwig Wittgenstein's early work was, like Husserl's, on the « scientific road ». Actually, the new scientific approaches in philosophy in the first decades of the 20th century were progressive. They took part in the liberal movements of those years, both socially and politically. There is kinship between the new developments in the Modern arts, music, literature, and architecture on the one hand, and the formal-mathematical innovations and discoveries in the border areas of the philosophy of language and the fundamental researches in mathematics on the other hand. In Wittgenstein's Vienna, and more specifically in his parental home, cultural Modernism emerged from the old body of Habsburg culture[30]. The metamorphosis was painful, and accompanied by a lot of artistic and philosophical gloom.

One of the esthetic strategies to leave the old, concealing, and lying culture was the expressionism of feelings and thoughts. Another strategy was the minimalism of esthetic forms and the functionalism of design. Wittgenstein's *Tractatus* was a strict expression of this latter strategy in the field of the foundations of mathematics. On the other hand, from 1929, he worked in the spirit of expressionist esthetics, more specifically *dada*. A comparison between Marcel Duchamp's *Fountain* (1917) and Wittgenstein's philosophical remarks and investigations (from 1929) might very well be possible. Duchamp took a urinal out of its usual context and presented it at an official exhibition. It was a scandal. It offended the current way of perceiving and judging works of art – merely by being presented next to « real » works of art in a museum. By its public presence, this *readymade* and exhibited urinal, found in real everyday life (*trouvaille*), cracked the esthetic *aura*[31]. This esthetic intervention forced a sense of the constructed and random nature of the transcendental truth of works of art. Art is what we consider to be art; it is not art by itself.

Likewise, Wittgenstein's philosophical investigations intervened in the Ivory Tower of philosophical truths. Like Duchamp, he presented *readymades* in a sacred space – in this case the temple of Philosophical Wisdom. His *readymades* were pictures (descriptions) of common situations of everyday life, – situations where ordinary people live their lives and by doing so, use some language.

30. A. Janik, S. Toulmin, *Wittgenstein's Vienna*, New York, Ivan R. Dee Publisher, 1996.

31. W. Benjamin, « Das Kunstwerk im Zeitalter seiner technischen Reproduzierbarkeit », in W. Benjamin, *Illuminationen. Ausgewählte Schriften*, Frankfurt a. M, Suhrkamp Verlag, 1977, p. 136-169.

As the meaning, or function, of Duchamp's urinal changed with the situational context (first it is a tool to pee, then it is a tool to discuss concepts of art), so change the meaning of words and sentences with their context, i.e., with the change of their usage in situations of life.

And as Duchamp's *Fountain* was a statement before the community of artists, curators, and art critics, so were Wittgenstein's *Investigations* statements before the community of philosophers, mathematical theoreticians, and psychologists. These developers of general theories were his public. On the screen in the Ivory Tower, he projected pictures of everyday language use in everyday life. As a 20th century Socrates, his objective was to crack the limited but self-confident truths – i.e., the pinned and absolute meanings of words and sentences – of metaphysical thinkers of all kind.

Unfortunately, he only showed us just the pictures in the context of his intervention in the Ivory Tower. He described situations of everyday life as statements against metaphysical use of language. He left us no descriptions because of the situations themselves. Yet it was his presence and experience in real life situations that made it possible for him to find examples of everyday use of language[32].

At the end, Wittgenstein showed the oddness of the so-called « philosophical » use of language. Such usage creates meanings that have no sense in everyday life, or at least shuts out a variety of possible meanings – it reduces or even destroys the meanings that are meaningful in life. He who speaks a « philosophical language » is locking oneself up in his self-devised word meanings. In sharp contrast, Wittgenstein stopped talking and thinking *philo-language* to give his attention to daily life itself. Only at the price of inhuman reduction of life can life be understood and improved in universal, generalizing, reductive and self-devised concepts and propositions. From this ethos, the problems of life can only be understood and solved in the situations of everyday life, by those who live these situations, speaking the situation's appropriate language. This, at least, is a consequence of Wittgenstein's interventions in the Ivory Tower.

Situation, experience, meaning, and the outsider view : what now ?

The nagging question in the state of *aporia* is : « What to do now ? ». Let us first summarize and sketch this *aporia* as left behind by Husserl and Wittgenstein.

It is impossible to understand the world by inventing *philo-languages* and by applying self-made « private » meanings to phenomena in the

32. I am currently working on this thesis in my dissertation.

world. As soon as you leave your philosophical self-righteousness and open your mind and senses to the world as it presents itself to your senses, you will acknowledge the *constructive* and *illusionary* nature (Nietzsche) of your thoughts and ideas. Then, you cannot believe in your own « truths » anymore, – at least not in an unquestioning way. So, philosophy cannot be an interpreting and explaining discipline anymore. It is left behind with this notion : in the end, we cannot explain the world ; at best, we can *clean* our discursive mind, and open our senses to what, or to whom is approaching us. But then what ?

We are now here, in the current situation, attentive as never before – but how can we understand our problems of our existence and deal with them now ? Are we at the mercy of the statistically controlled and controlling sciences, these henchmen of « mediocrity » ? Or are we at the mercy of common sense, the henchman of « normality » ? Or are there any routes through or past the *aporia* ? I think that the notion of « philosophical practice » can help us to find and try out these routes as indicated by Husserl and Wittgenstein, our scouts. Let me show the contours of a practice that follows the scouts.

THE « SUPPORTIVE MOUNTAIN GUIDE » METAPHOR OF PHILOSOPHICAL INTERVENTION

This essay is not the place to thoroughly work out a case study. It would need the comparison of multiple cases. So, I will use a metaphor to outline the contours. The metaphor can be summarized as follows[33].

I am your guide in the landscape you know the most of. Wandering through the landscapes of the experiences you recall and relive, I walk next to you, with you. I am amazed, and from wonder and amazement, I ask you questions about what I experience in your landscape. And it happens that I see things that you do not mention in your story.

To what extent am I your guide ? In so far that my questioning brings you to look at things that you were not aware of, or to question the way you saw it. And most important of all, I am engaged in your walk but at the same time, I am not entangled in the « intrigues » like you are. In a certain sense, I am a free man in your landscape. I am a trained and experienced guide. I can stand above the emotions and thoughts that are being caused by the dangers of the mountain and the weather. Because of that, I can show you how a trained and experienced hiker keeps standing in such circumstances.

33. At this point the writing style of this essay changes from more objective to subjective. The philosophical counselor speaks to a guest in his practice.

You might be inspired by me, and learn from the way I move through the landscape. From time to time, I present you some exercises. All the time, it is your landscape, your way of experiencing your landscape, your way of finding your way.

Let me be more specific about the meanings of this metaphor.

Actual, narrative, and « back home » situations

If I expect you to visit me in my practice – it can be the consulting room, or a forest path, or a restaurant, or wherever –, I will prepare myself. Fifteen minutes before our meeting, I stop doing the things I was doing. I prepare my attention for you – not with thoughts or ideas about you and our meeting, but by emptying my mind. Possibly, I do some zazen and t'ai chi exercises. When we greet each other, I can give you all my attention. Attentively, I am all yours.

Then, if you have not already started yourself, I will ask you what you want to talk about. I expect you to tell me experiences. If you tell statements *about* your experiences – evaluations, generalizations, considerations, diagnostics, etc. –, I am not able to envision your world. So, I ask about the events you are talking about. Please, picture me the situation where it happened. Who are there ? What are they doing ? What are you doing there ? Why do you act like you do ? How do you experience the situation ? What are your thoughts ?, etc. I challenge you to remember and relive the situation in detail.

Thanks to the human faculty of empathy, I am not just imagining the situation – I can *be* there, too, not the way you do, but my way : feeling, moving, experiencing, acting. I am in your situation – like in dreams.

It is an *imaged* situation for the both of us. For you, the images of your memories ; for me, the images your story evokes in me. I call it the *narrative* situation. Together, we move through the narrative situations you create.

The more stories you tell, the more horizons of your landscape come to light. In the course of time, when we keep wandering together, I familiarize myself with the situations of your life, with your typical movements, with the way you experience the world, with the way you tend to deal with situations. And, hopefully, on the go, you will see yourself better, and you will learn to guide yourself.

We must not forget that, wandering, we are in these narrative situations. *Actually*, breathing and with our senses and organs, we are here, sitting in the consulting room, or walking around in the forest, or wherever we meet. I call it the *actual* situation. It is here that you and I encounter each other. It is here that we trust or do not trust each other. It is here that I am your host and you are my guest. It is here that your eyes get wet. It is here that we laugh. If we would forget the difference between the actual and the narrative situations, we would either cross borders of intimacy, or lose ourselves in imaginary worlds.

So, the situation in the story is not the situation of telling the story, but neither is it the situation that is being told.

You tell me stories of your life. In fact, you are telling me your experiences. The story is not the experience itself. Nor is the experience the situation itself. We can not but live in our experiences[34]. But we can be aware of the tenseness between « world » and « experience ». And we can be aware of the difference between actual (or « physical ») and narrative (or « imaginary ») situation.

If we would ignore the *difference* between the narrative situations you are telling here and the real situations you are living in your daily life, then our meetings would just be an illusion. You would merely get some thoughts and an inner picture of insight, but *back home,* nothing would change. At best, our encounters are a *refuge* for you – like refuges in the mountains. For the time being, you are potentially free from the circumstances that cause your desire for supportive encounters like these. The real art of philosophy is to have the courage, the power, and the skills to do the *Baron Munchausen* trick or the *Red Kite* acrobatics back home, in the real situations of everyday life, where you meet the people you share your life with, where you have your duties, where you encounter yourself.

The Red Kite metaphor of philosophical overview and focus

I often use *the Baron Munchausen metaphor* of philosophical overview and focus. It suits the situation « mired in the swamp of your life ». Then it is great, when you are able to pull yourself up by your ponytail. But as a positive power in whatever situation, *the Red Kite metaphor* suits better[35]. This metaphor stands for the core skill of philosophy. It is what was intended in philosophical concepts like « transcendental subjectivity », « autonomy », « stoic asceticism », etc.

The red kite glides and prays over the field, ready to grab its prey. The philosopher's gliding and praying is his « epochè », his « phenomenological reduction », his « ascetic » presence. And what is his prey? It is the biased opinion, the cognitive reduction, the stubborn perspective, the

34. W. James, *Essays in Radical Empiricism* [1912], Radford, Wilder Publications, 2007.

35. I owe the Red Kite metaphor of philosophical overview and focus to Dietlinde Schmalfuss-Plicht, a German philosophical practitioner.

self-invented meaning, the all-covering blanket of too much theory, etc. It is the object of Wittgenstein's philosophical investigations, i.e., situation-odd mistakes in thinking, in using words – as well as the object of Levinas' essay on the exteriority, i.e., the urge to think « totality »[36].

Unlike the red kite, the philosopher's praying and grabbing is not for the sake of the eating; it is for the sake of presence. Once the bias is consumed, the attention can be here, with this situation. So, such philosophical interventions serve our presence. Being present in the actual, current situation, instead of in our own mind stuff, we can try to understand the situation – not by constructing new mind stuff, but by encountering each other and by engaging in dialogue.

That is « philosophizing », given the *aporia* that Husserl and Wittgenstein left behind for us. I do it when I am allowed to be your philosophical guide, and it is what you are doing when you try to be your own philosophical guide.

Knots in your attention

The conceptual and perceptual bias leaves traces in the language of your stories. While describing situations of your experience, you may be vague about certain aspects, or give a value judgment instead of a description, or speak in general instead of concrete terms, or be very definite in your judgment about someone or something, etc. At such moments, you do not give me and yourself an unobstructed view of the situation. You turn into yourself, into your concepts and percepts. I like to challenge your vagueness or certainty, and ask you about what might be hidden or enclosed in this « rugged » word or sentence of yours.

The cure is not the linguistic analysis of your statement. When walking in the experiential landscape of your life story, I do not focus on the words you use, but on the situations you experience. By showing you other yet unseen aspects of the situation, or by suggesting another possible perspective, I dare you to break out of your conceptual or perceptual knot. The breaking-out is your work, not mine. So, your experience is the material, not the mere words and linguistic constructs.

When you unravel the knots in your attention, new horizons might appear and open – horizons of the world that is your *habitat*.

36. L. Wittgenstein, *Philosophische Untersuchungen = Philosophical Investigations*, Chicester, Wiley-Blackwell, 2009; E. Levinas, *Totalité et infini : essai sur l'extériorité*, « Livre de poche - Biblio Essais » 4120, Paris, Librairie générale française, 1990.

Horizons

In Husserl's description of the situation, the notion of the horizon is important[37]. When I try to describe a situation, it proves impossible to be exhaustive and complete. Can I catch all the details in my description? Can I see the sources of the sounds that come from outside? Am I present in the presentations of the surrounding streets I have in mind? And as soon as we share our impressions of this room, my perception of it turns out to be different than yours.

I cannot help but be biased, as much as I do my best to get rid of all conceptual and perceptual bias. I am just a man and I observe as a human being. The fly in the room lives in a totally different room, even though it is the same room, probably (at least, so we tacitly assume[38]). I just can try to reduce the bias.

What I call «my room» proves to be an elusive «thing» (Kant's «thing in itself»), a neutral display on which everyone projects its images. Although, «neutral»? The room is not just a neutral screen, it is «hard» and full of values and meanings by itself; it «talks to us», it «appears to us». We make our pictures out of these appearances.

The world we live in, where we live our lives, is the world as we experience it. What we call «reality» is a texture of perspectives and sliding horizons. While wandering with you through the landscape of your experiences, I ask your attention for possible perspectives and horizons: you are more than your ego; you are the situations you live in – biologically, socially, etc.

Guiding the guest's Quest

The picture of the philosopher guiding his guest through the foggy and cluttered landscape of his or her experiences is, indeed, just a metaphor. But metaphors can tell things that cannot be told «literally». What is to be told here?

What kind of mountain guide is meant here?

As your guide, I do not have another objective than to accompany you during your walks through the landscape of your relived memories. I do not set goals – not even the goal to teach you philosophical skills, let alone to interpret and explain your experiences or to offer you a therapeutic change plan. It's you yourself who sets goals like that. The

37. E. Husserl, *Ideen zu einer reinen Phänomenologie und phänomenologischen Philosophie op. cit.*, p. 57-60 and p. 185-187; E. Husserl, *Cartesianische Meditationen, op. cit.*, p. 24 and 49.

38. L. Wittgenstein, «Über Gewissheit», [1969], in *Ludwig Wittgenstein Werkausgabe*, Band 8, Frankfurt a. M, Suhrkamp Verlag, 1984.

only thing I do is let you tell your story as concrete and as «lived» as possible, and ask questions about what I experience while sympathizing with your story. And while doing this, you might be stimulated to be more aware of your situation and experience than before. You might be aware of blind spots, stubborn thinking knots, dominant perspectives, etc., in your consciousness. You might discover hidden motives or unexpected statements. And most of the time, my questions and remarks might be the incentive for that insight, – but it's you who sets the goals, does the thinking, and is making conclusions. Not me. I am just the supportive guide, however important my support may be to you. I am materially involved, pragmatically hearing your story, with no objective.

In the mountains, there are two types of guides: those who are *supportive*, and those who *take the customers by the hand*. The latter type of mountain guide – let us call him the *shepherd* – paves the way for his clients. These are consumers; they want to be led by the guide and do not have the will, possibly not the talent, maybe not even the guts, to move through the mountainous landscape on their own. Eventually, they want to be rescued by the shepherd whenever they find themselves in danger through their own fault. The customers do not want to learn mountaineering; they want to consume the «mountain experience» the guide can give them.

The supportive guide – let us call him the *zen master* – has a very different clientele. These clients want to be mountaineers themselves. They want to learn and practice. At any time, they want to wander through the mountain landscape by their own, recognize and avoid the hazards, while being able to rescue themselves and others. The zen master doesn't want to go into the mountains with consumers; he wanders just with those who strive to cross the glacier safely on their own. He offers them his experience in the mountains – and his ability to teach them in a supportive and challenging way.

Bibliography

Achenbach Gerd Böttcher, *Philosophische Praxis*, Köln, Dinter Verlag, 1984.

Benjamin Walter, «Das Kunstwerk im Zeitalter seiner technischen Reproduzierbarkeit», in W. Benjamin, *Illuminationen. Ausgewählte Schriften*, Frankfurt a. M, Suhrkamp Verlag, 1977, p. 136-169.

Birnbacher Dieter, Krohn Dieter (ed.), *Das sokratische Gespräch*, Stuttgart, Reclam, 2002.

BOELE Dries, « Bij wijze van gespreksleiding: Over visieontwikkeling, zich inleven en levenskunst », in Jos Delnoij, Wieger Van Dalen (ed.), *Het socratisch gesprek*, Budel, Damon, 2003, p. 157-179.

BOLTEN Hans, VAN ROSSEM Kristof, « Wilt u gestoord worden ? Diagnose, anamnese, elenchos », in J. Delnoij, W. Van Dalen (ed.), *Het socratisch gesprek*, *op. cit.*, p. 264-279.

DESCARTES René, *Meditations* [1641], Translated by Desmond M. Clarke, London-New York, Penguin Books, 2010.

FREESE Jost Guido, « Socratische moderatie. Conceptuele overwegingen en ervaringen in het modereren van filosofische cafés », *Filosofie,* 23- 5, September-Oktober 2013, p. 51-75.

HAAS Leon de, « Encounters and Dialogues. Styles and Levels of Communication in Philosophical Practice », *Journal of Humanities Therapy*, 2, December 2011, p. 95-121.

—, « An Essay on the Justification of Philosophical Practice », *Manavayatan*, I-1, July-December 2011, p. 9-18.

—, « Leon de Haas », in Jeanette Bresson Ladegaard Knox, Jan Kyrre Olsen Friis (ed.), *Philosophical Practice. 5 Questions*, Copenhagen, Automatic Press, 2013, p. 109-121.

—, « Filosofische praxis als liefdevolle krijgskunst. Een portret van filosofisch therapeut Will Heutz », *Filosofie,* 24-2, January-February 2014, p. 50-53.

—, « Nietzsche und die Krise der Philosophischen Praxis », *in* Th. Gutknecht (hg.), *Philosophische Praxis als Existenzmitteilung. Jahrbuch der Internationalen Gesellschaft für Philosophische Praxis,* Bd. 6, Münster, Lit Verlag, 2014, p. 83-104.

—, « A Skeptic's Look on Philosophical Therapy : A Criticism of Restorative Philosophy », *Journal of Humanities Therapy,* 6, June 2015, p. 131-156.

HUSSERL Edmund, *Ideen zu einer reinen Phänomenologie und phänomenologischen Philosophie* [1913], Hamburg, Felix Meiner Verlag, 2009.

—, *Cartesianische Meditationen. Eine Einleitung in die Phänomenologie* [1929], Hamburg, Felix Meiner Verlag, 2012.

—, *Die Krisis der europäischen Wissenschaften und die transzendentale Phänomenologie* [1935], Hamburg, Felix Meiner Verlag, 2012.

JAMES William, *Essays in Radical Empiricism* [1912], Radford, Wilder Publications, 2007.

JANIK Alan, TOULMIN Stephen, *Wittgenstein's Vienna*, New York, Ivan R. Dee Publisher, 1996.

LAHAV Ran, « Ran Lahav », in J.B.L. Knox, J.K. Olsen Friis (ed.), *Philosophical Practice. 5 Questions*, *op. cit.*, p. 159-169.

LEVINAS Emmanuel, *Totalité et infini : essai sur l'extériorité*, « Livre de poche - Biblio Essais » 4120, Paris, Librairie générale française, 1990.

LINDSETH Anders, *Zur Sache der Philosophischen Praxis. Philosophieren in Gesprächen mit Ratsuchenden Menschen*, Freiburg-Hamburg, Verlag Karl Alber, 2005.

—, « Von der Methode der Philosophischen Praxis als dialogischer Beratung », *in* Detlef Staude, *Methoden Philosophischer Praxis. Ein Handbuch*, Bielefeld, Transcript Verlag, 2010, p. 67-100.

NIETZSCHE Friedrich, « Wahrheit und Lüge im außermoralischen Sinn », *in* Giorgio Colli, Mazzino Montinari (hg.), *Friedrich Nietzsche Sämtliche Werke, Kritische Studienausgabe in 15 Bänden*, Munich, dtv/de Gruyter, 1988.

NELSON Leonard, « Die sokratische Methode ». Vortrag, gehalten am 11 Dezember 1922 in der Pädagogischen Gesellschaft in Göttingen, *in* Otto Meyerhof, Franz Oppenheimer, Minna Specht (hg.), *Abhandlungen der Fries'schen Schule,* neue Folge 5, Chap. 1, Göttingen, Verlag Öffentliches Leben, 1929, p. 21-78.

—, *De socratische methode*, trad. de l'allemand et introduction de Jos Kessels (ed.), Amsterdam-Meppel, Uitgeverij Boom, 1994.

POLEDNITSCHEK Thomas, *Der politische Sokrates. Was will Philosophische Praxis ?*, Berlin, Lit Verlag, 2013.

RAABE Peter, *Philosophy's Role in Counseling and Psychotherapy*, Plymouth, Jason Aronson, 2014.

RHEE Young E., « Embodied Mind Theory as a Foundation of Philosophical Practice », *Journal of Humanities Therapy,* 1, December 2010, p. 129-143.

VEENING Eite, *Het filosofisch consult*, Leusden, ISVW Uitgevers, 2014.

WITTGENSTEIN Ludwig, « Tractatus Logico-philosophicus » [1922], in *Ludwig Wittgenstein Werkausgabe Band 1*, Frankfurt a. M, Suhrkamp Verlag, 1984.

—, « Über Gewissheit » [1969], in *Ludwig Wittgenstein Werkausgabe Band 8*, Frankfurt a. M, Suhrkamp Verlag, 1984.

—, *Philosophische Untersuchungen = Philosophical Investigations* [1953], Chicester, Wiley-Blackwell, 2009.

QUELLE PLACE POUR LA PHILOSOPHIE EN GÉNÉRAL, LA PHILOSOPHIE PRATIQUE EN PARTICULIER, DANS LA CITÉ ?

ISABELLE PARIENTE-BUTTERLIN

La philosophie pratique est une branche de la philosophie à laquelle une forte demande sociale est adressée de nos jours, au point même que, dans les occurrences sociales et non pas académiques de ce terme, elle occupe pratiquement tout l'espace qui est réservé au terme de philosophie. Il n'est qu'à voir les rayons des librairies et les titres des catalogues, dans lesquels les réponses à l'antique question du *comment bien vivre?* occupent des rayonnages entiers sur toutes les questions pratiques que nous pouvons formuler, et qui ne cessent d'ailleurs de se renouveler. La demande formulée par le corps social est pressante, au point que des philosophes siègent, *ès qualité*, par exemple dans le Comité Consultatif National d'Éthique, au titre de représentants des différentes « familles spirituelles et religieuses », ce qui est évidemment étrange dans la mesure où il faudrait pouvoir rapporter la philosophie à une famille spirituelle et donner un sens précis à cette inclusion dans un ensemble dont les contours sont pour le moins flous.

Si cette demande sociale est légitime et repose la question de l'insertion des philosophes dans la cité, il n'en demeure pas moins que nous pouvons interroger la manière dont les philosophes y répondent, et la posture qu'ils adoptent pour répondre à cette demande. J'entends par là qu'une telle demande pose la question de la légitimité des philosophes à répondre à une telle question, et pour le dire en un mot, leur qualité d'experts.

Cette demande se dessine et se précise autour d'une question, dont les contours sont au fond assez précisément la question du bien vivre, celle-là même à laquelle Williams dans *L'Éthique dans les limites de la philosophie* demandait que nous revenions après la question kantienne du *Que dois-je faire?*[1]. La question kantienne avait, à tort selon lui, occupé le devant de la scène philosophique et il était temps de s'en séparer pour revenir à une approche de l'éthique qui nous vient des postures antiques. En particulier, il fallait, selon Williams, revenir à des contours moins normatifs du discours éthique qui sont précisément ceux que dessine cette antique question. J'interrogerai pour ma part la manière dont nous la réinvestissons, et je me demanderai si nous sommes parvenus à défaire notre approche de la saisie normative dont elle tente de nous mettre à distance.

Car je ne suis pas convaincue, en dépit des apparences, que nous ayons réussi la reconversion à la question antique à laquelle Williams appelait. Au fond, nous avons perdu, ce faisant, en opérant cette reconversion sur la question du *comment bien vivre?*, ce qui fait l'essence de cette question, à savoir sa capacité à interroger nos formes de vie, et non à apporter des réponses ou à les imposer normativement en déployant ce qu'il faut faire. La posture du philosophe semble être devenue une posture dans laquelle il apporte des réponses sociales acceptables et convaincantes aux questions que lui adresse la société. Or, outre ce qui peut être perçu comme une inadéquation de cette posture, les réponses divergent à cette question. Cette divergence des positions est presque toujours le cas dans les situations éthiques, ou du moins très souvent: il n'est pas rare qu'une position éthique qu'on puisse défendre avec de bons arguments se heurte à une autre position qui fasse tout autant sens d'un point de vue éthique et qui s'appuie sur des arguments tout aussi bons. Les cas de dilemme sont assez nombreux et assez commentés pour nous convaincre de la récurrence de cette situation[2].

La question est donc pour partie de comprendre comment dépasser cette opposition des positions éthiques, dans la mesure où elle mène inéluctablement à un relativisme qui les nie toutes à la fois et en même temps. Or on voit mal comment éviter cette conclusion relativiste tant que les positions éthiques s'affronteront aussi frontalement. Nous devons revenir pour les comprendre et pour donner sens à ce par quoi, en dépit

1. B. Williams, *Ethics and the Limits of Philosophy*, London, 1985, chap. I.

2. On peut évidemment ici penser au célèbre dilemme du trolley proposé par Foot et qui fit l'objet de nombreuses discussions. Voir F. Foot, « Le problème de l'avortement et la doctrine de l'acte à double effet », dans M. Nauberg, *La Responsabilité : questions philosophiques*, Paris, 1997, p. 156-170.

de leur diversité, indépendamment de celle-ci, elles sont néanmoins des positions éthiques. Il faut donc revenir à ce qui fait leur fond commun, et ce en quoi elles dialoguent, c'est-à-dire à la question commune qui les anime et que sans doute, pour partie, nous avons oubliée dans sa dimension philosophique. Car quelles que soient les divergences des réponses apportées, il me paraît plus important de souligner qu'elles prétendent également à une dimension éthique. Les comprendre demande donc de comprendre ce par quoi elles prétendent à une dimension éthique.

La difficulté, dans l'oscillation entre ces questions, et dans la réponse aux demandes du corps social, est de déterminer comment présenter les positions éthiques dans le discours philosophique, et comment articuler ce qui est un discours qui pose des normes ou des valeurs, à savoir l'éthique, à un discours qui interroge toutes nos certitudes, la philosophie. Il me semble que la philosophie pratique, plus qu'aucune autre branche de la philosophie, doit tenir compte de cette difficulté et s'organiser autour d'elle : aucune réponse ne pourra prétendre à réduire au silence les autres réponses possibles. En somme, en éthique plus que n'importe où ailleurs dans la philosophie, il s'agit d'éviter le dogmatisme tout en évitant le relativisme[3]. Cette question a des répercussions académiques. Il s'agit, d'un point de vue académique, de savoir comment enseigner l'éthique ; or, si je comprends bien les questions que se posent ceux d'entre nous qui pratiquent la philosophie au sein de la société, il s'agit pour eux de savoir comment répondre aux questions que se posent ceux qui s'adressent à eux. Les deux questions me paraissent profondément liées et entretenir entre elles une structure à proprement parler d'analogie.

Conçu et présenté comme enseignement d'un ensemble de théories divergentes voire contradictoires, l'enseignement de l'éthique pose problème en ce qu'il mène inévitablement à une conception de type relativiste : comment la multiplicité des postures éthiques enseignées pourrait-elle conduire à une autre position que relativiste ? Or, si nous tentons d'en donner une définition, le relativisme éthique est une situation dans laquelle, selon la description qu'en donne Sandra Peterson, il n'y a pas de manière de choisir dans la mesure où :

> Mes raisons ne déterminent pas mon contradicteur, bien qu'elles me déterminent, et ses raisons ne me déterminent pas, bien qu'elles le déterminent, et aucun contre-argument ne peut nous être opposé selon lequel nos arguments souffriraient d'un biais ou d'un manque d'information[4].

3. Sur cette question, cf. S.F. Magni, *Il relativismo etico*, Bologna, Il Mulino, 2010.

4. S. Peterson, « Remarks on Three Formulations of Ethical Relativism », *Ethics*, 95, 1985, p. 887.

Il semblerait donc ici que ce soit la forme du dialogue qui puisse nous arracher au contre argument pensé comme très puissant du relativisme éthique: car si la multiplication des doctrines éthiques, telles qu'elles nous sont présentées dans leur diversité, entraîne assez spontanément à une position de type relativiste, il reste sans doute que la forme par laquelle nous cherchons à imposer des théories éthiques est pour partie responsable de cette situation dans laquelle le relativisme paraît être une tentation assez forte que notre époque traverse.

Je m'explique sur ce point. Regardons par exemple l'enseignement de l'éthique médicale tel qu'il est proposé aux futurs médecins, en première année, dans notre société, à un moment où ces derniers ne connaissent ni la médecine, ni sa pratique donc encore moins les problèmes éthiques qu'elle posera. Il serait pertinent, pour répondre à cette demande sociale, qui est aussi bien celle des médecins que celle des patients, de leur apprendre à traiter des situations médicales en particulier en répondant à la question du *comment bien traiter un patient?* à l'intérieur de leur pratique. La question est plus difficile qu'il n'y paraît, et la réponse que socialement on lui apporte me paraît bien loin d'être satisfaisante. Car si on sait globalement définir la maltraitance, ou bien les abus du pouvoir médical dans la relation médicale, on a beaucoup plus de mal, en revanche, à déterminer ce que c'est que bien traiter un patient. La question de la bientraitance n'est assurément pas du reste seulement la question des normes interdisant la maltraitance, et assurant la sécurité du patient (je pense ici tout particulièrement à la question de la bientraitance des personnes âgées dépendantes qui pose des problèmes contextuels, incarnés dans la situation et auxquels il paraît difficile de se préparer *a priori*).

Autant la question du *comment bien agir?, comment bien se comporter?* au sein de la relation médicale fait sens lorsqu'elle apparaît, autant elle est escamotée et résolue trop rapidement par des indications éthiques qui certes, répondent à cette question, mais sont présentées comme un corpus de règles de bonne conduite. Le problème commence à se nouer autour de la façon dont le corps social cherche à utiliser les philosophes pour les faire répondre à une question, elle-même philosophique, assurément, mais à laquelle il est possible de répondre d'une manière qui la déforme et la vide précisément de sa portée. Car la réponse à la question *comment bien vivre?* imposée comme nous cherchons à le faire et à la construire a en fait le sens d'une indication sur le *que dois-je faire?* auquel elle devait permettre d'échapper. Il ne va pas de soi, en somme, que nous évitions les postures normatives dans ce qu'elles peuvent avoir de dogmatique, là où elles devraient le plus poser problème, et là où la plus grande prudence est requise à leur égard, car se déployant là où notre conduite devrait le plus nous mener à nous poser des questions.

Revenons à la distinction envisagée par Williams et aux problèmes qu'elle soulève au sein de l'éthique[5] en particulier. Je crois que la question de la demande du corps social et de la manière dont il faut lui répondre peut permettre de mieux comprendre ce qu'est essentiellement la philosophie pratique. Elle permettra en outre de faire apparaître l'écart qu'entretient, avec cette demande, la réponse que nous lui apportons. Si nous reprenons la distinction posée par Williams entre les deux questions du *Comment bien vivre?*, et du *Que dois-je faire?*, nous pouvons la traduire dans les termes de la distinction entre éthique évaluative, pour la première, et éthique normative, pour la seconde.

Aussi utile soit-elle, cette terminologie n'est d'ailleurs pas sans poser problème, et sans doute il y a différentes réductions possibles du normatif à l'évaluatif, ou de l'évaluatif au normatif[6]. Je ne me prononce pas sur la résistance de ces concepts méta-éthiques : ils sont utiles, dans un premier temps au moins, dans la mesure où ils permettent de distinguer des choix fondamentaux en matière d'éthique. En outre, quand bien même nous choisirions *in fine* de les réduire l'un à l'autre, la manière même dont nous choisirons d'opérer cette réduction est significative. Elle n'annule donc pas l'intérêt qu'il peut y avoir à les distinguer, au moins dans un premier temps, et simplement pour savoir comment nous choisirons ensuite de les confondre si tel est le cas.

Nous pouvons accepter, par exemple, que la différence entre le normatif et l'évaluatif soit formulée de la manière suivante : le normatif s'exprime avec des prédicats fins (*obligatoire*, *permis*, *interdit*) alors que l'évaluatif s'exprime avec des prédicats épais (*courageux*, *admirable*, *répugnant*). On appelle les prédicats évaluatifs des prédicats épais au sens où ils impliquent une part de description du réel et ne sont pas toujours entièrement transposables d'un contexte dans un autre. Ils ne sont pas indifférents au contexte, alors que nous pouvons, dans n'importe quel contexte, énoncer une interdiction qui aura toujours du sens. Par exemple des prédicats qui peuvent être des prédicats éthiques, comme *courageux*, ou *égoïste*, ou *admirable*, ou *ignoble* ne peuvent pas être utilisés dans tous les contextes et ne sont donc pas sans indiquer une partie du domaine des actions,

5. Je désigne par « éthique » tout discours pratique dans le champ de la philosophie, sans distinguer ici entre éthique et morale. En particulier, je considère que l'éthique peut être normative ou évaluative. C'est une simple question de vocabulaire. Je la fixe, dans ce texte, au regard de la définition des prédicats fins et des prédicats épais.

6. Sur cette question, on consultera T.M. Scanlon, *What We Owe to Each Other*, Cambridge (MA), Harvard University Press, 1998.

qu'ils pointent, et dans laquelle ils sont signifiants. Ils indiquent un certain registre qui est le seul dans lequel ils soient susceptibles d'avoir du sens, et c'est là la raison pour laquelle on les désigne comme des prédicats épais.

À cette première propriété des prédicats épais s'en ajoute une autre qui les distingue aussi précisément des prédicats fins. Il est en effet malaisé de les faire entrer dans des systèmes binaires de contradiction, qui facilitent l'analyse que nous pouvons en faire (tels que ceux que permet la logique déontique à propos des prédicats fins *obligatoire* et *permis*)[7] : il suffit de se souvenir que *courageux* s'oppose tout autant à *téméraire* qu'à *lâche* pour comprendre que la saisie logique de ces prédicats épais risque d'être plus complexe que celle des prédicats fins, et qu'elle va sans doute varier d'un prédicat à un autre.

On peut considérer globalement, et sous réserve de réduction d'un registre à l'autre, soit du normatif à l'évaluatif[8], soit de l'évaluatif au normatif[9], que la conception évaluative de l'éthique emploie des prédicats épais, tandis que la conception normative de l'éthique se réserve l'emploi des prédicats fins. Cette distinction syntaxique entre les énoncés utilisés par l'une et par l'autre repose, pour le choix de ces énoncés, sur des conceptions de l'éthique qui, sans être nécessairement incompatibles, marquent des distinctions signifiantes. En effet, elles expriment la distinction entre la question antique, évaluative, et la question kantienne, normative.

Si nous revenons à la question de la place de la philosophie pratique dans la cité, et au rôle qui peut être, dans la cité, celui du philosophe, nous pouvons tirer partie de la distinction entre ces deux questions et ces deux styles éthiques pour tenter d'apporter une réponse à la question posée de la place du philosophe dans la cité. Il y a en effet une manière d'enseigner une éthique de type évaluatif dont on peut se demander si elle ne serait pas une manière normative de procéder. Or cette disjonction entre ce qu'on veut proposer comme une conception adéquate de l'éthique, à savoir une éthique évaluative, et son insertion dans une forme de discours normative, car rendant au fond obligatoires les actions évaluées comme bonnes, me paraît problématique.

7. R. Ogien, *Le Rasoir de Kant et autres essais de philosophie pratique*, Paris, L'éclat, 2003, p 95-97.

8. Au sens où toute affirmation du type *il est obligatoire que p* ne signifierait rien d'autre, au fond, que *cette action p est bonne*. On se livrera à la même substitution syntaxique avec *interdit* et *mauvais*.

9. Au sens où toute affirmation du type *cette action p est bonne* ne signifierait rien d'autre, au fond, que *il est obligatoire que p*. On se livrera à la même substitution syntaxique avec *mauvais* et *interdit*.

On a coutume, comme je l'ai rappelé plus haut, de lier la multiplicité des positions éthiques possibles au développement du relativisme. Et c'est sans doute là, dans cette insertion de l'évaluatif dans un discours normatif que la conséquence relativiste se déploie. Mon hypothèse est qu'elle pourrait être évitée par une saisie de l'éthique à l'intérieur, non d'une forme normative de discours, mais par son insertion dans la forme du dialogue, dans la mesure où il y a une forte congruence de la forme dialoguée avec l'autonomie éthique. Cette affirmation n'est pas nouvelle, mais j'entends en tirer des conséquences sur la façon dont nous concevons l'enseignement de l'éthique : quand bien même nous soutiendrions une position de type évaluatif, tant que nous la présentons comme une réponse et non comme une manière d'appréhender la situation, nous sommes dans une position de type normatif qui est pour partie celle dans laquelle nous nous installons lorsque nous posons des affirmations de type : *il faut respecter une valeur d'empathie* ou *il faut respecter une valeur de compassion*, ou *il faut prendre soin de son patient*, et en ce sens-là je soutiendrai que la philosophie qui se présente comme une réponse à la question du *comment bien vivre ?* peut en fait devenir typiquement normative et ne nous séparer au fond en rien des formes normatives induites par la posture kantienne.

La posture socratique est donc l'occasion, pour la philosophie pratique, de réfléchir à ce que serait l'enseignement de l'éthique, à ce qu'il pourrait être pour ne pas trahir une posture philosophique, donc non dogmatique, et pour ne pas être caricaturalement normatif ; car s'il y a une façon qui n'est pas une trahison de la posture philosophique d'apporter des réponses, encore faut-il qu'elle évite l'écueil du dogmatisme que les diverses formulations de l'éthique ne me paraissent pas éviter. Je propose que nous cherchions les réponses à cette question du côté de la conception du dialogue et de la posture socratique à propos de laquelle Andre M. Archie considère que « l'échange éclenctique présuppose un degré d'autonomie et de rationalité de la part des participants » [10]. Or ces propriétés sont précisément celles qu'il faut bien supposer en eux pour les considérer comme des sujets possibles en morale.

Si nous avançons dans la précision de ces propriétés du sujet, les mêmes, qui rendent possible et le dialogue et la position morale, nous nous apercevons que le dialogue oblige les interlocuteurs à reconsidérer leurs propres positions et leurs propres intuitions. C'est cette dynamique là qu'il est essentiel de souligner pour comprendre en quoi un dialogue n'est pas seulement l'entrecroisement de deux monologues. Il me semble que

10. A. Archie, « The Anatomy of a Dialog », *Journal of Philosophical Research*, 35, 2010, p. 131.

nous pourrions faire de ces deux traits l'exigence même d'une éducation éthique, et qu'ils ne se retrouvent pas dans l'enseignement de l'éthique tel qu'il est actuellement pratiqué comme enseignement d'un ensemble de positions éthiques.

Car nous pouvons accepter, ou du moins envisager et prendre au sérieux, dans le champ de l'enseignement de l'éthique, l'hypothèse selon laquelle enseigner consiste à éprouver, affiner et déployer les conceptions intuitives des agents (ce qui est une affirmation de type internaliste) alors la forme du dialogue serait plus pertinente que le long monologue de doctrines[11].

Pour le dire en un mot, une position internaliste considère que les affirmations éthiques ne sont motivantes que si elles rencontrent en nous une disposition à les suivre, alors qu'une position externaliste considère qu'il doit suffire de savoir qu'une action est bonne pour être disposé à l'accomplir. Frankena, dans un article célèbre, explique cette double dénomination de l'internalisme et de l'externalisme au regard de la possibilité pour nos motivations à agir d'être internes ou externes[12]. À cet égard, nous pouvons avancer dans l'analyse de ce point en utilisant la distinction à présent classique dans le champ de l'éthique entre internalisme et externalisme, telle que, par exemple, la définit Bernard Williams dans son l'article de 1981, « Internal and external reasons »[13] : pour Williams, il n'y a pas de raison externe de faire. Toutes les raisons que nous avons sont des raisons internes. Je ne discuterai évidemment pas cette thèse, mais je reprendrai seulement la distinction entre raison interne et raison externe pour proposer d'orienter l'attention. Son idée, dans l'internalisme, est que nous n'avons pas de raison de faire qui ne rencontre pas quelque chose à propos de quoi nous attachons de l'importance. Tandis que, dans une conception externaliste, le fait de savoir qu'une chose est bonne nous donne une motivation suffisante pour le faire. En particulier, Williams soutient la position selon laquelle « Having sympathetic concern for others is a necessary condition of being in the world of morality »[14].

11. Sur le rapport entre intuition et construction d'une position philosophique, on consultera en particulier J. Vuillemin, *De la logique à la théologie*, Paris, Flammarion, 1967, p. 8. *Cf.* P. Engel, « Jules Vuillemin, les systèmes philosophiques et la vérité », dans P. Pellegrin et R. Rashed (éd.), *Philosophie des mathématiques et théorie de la connaissance, l'oœuvre de J. Vuillemin,* Paris, CNRS, 2005, p. 29-43.

12. W.K. Frankena, « Obligation and Motivation in Recent Moral Philosophy », in A.I. Melden (ed.), *Essays in Moral Philosophy*, Seattle, University of Washington Press 1958, p. 40-81.

13. B. Williams, « Internal and external reasons », in B. Williams, *Moral Luck*, Cambridge-New York, Cambridge University Press, 1981, p. 101–113.

14. B. Williams, *Morality. An Introduction to Ethics*, New York, Harper & Row, 1972,

Retenons qu'une formulation possible de l'internalisme est la distinction entre les raisons d'agir qui sont les nôtres et la motivation à agir que nous pouvons en retirer qui est une disjonction que soutient par exemple Kurt Baier :

> (Justifying) reasons for someone to do something can be distinguished from an agent's actual (motivating) reasons for acting, and it can be held that whether there are good or justifying reasons for an agent to do something is completely independent of her motives, actual or hypothetical[15].

Car la question est bien de déterminer si nous pouvons enseigner l'éthique comme un ensemble de doctrines déjà constituées, ce qui est la manière dont, actuellement, nous la déployons, ou si nous devons demander à cet enseignement de permettre à celui qui le reçoit de déployer les intuitions éthiques qui sont déjà les siennes[16], ou les évidences qui sont les siennes, ou encore de les affiner et de les renforcer pour résoudre les situations qu'il aura à affronter, de manière que sa compétence éthique soit toujours améliorée (au lieu qu'il s'agit, dans l'enseignement de l'éthique médicale, de demander à de jeunes médecins de regarder dans les yeux son patient).

Dès lors il est plus cohérent avec une position éthique de type internaliste de s'élaborer sous une forme de dialogue dont je prétends qu'elle est la seule à nous permettre de sortir du relativisme induit par la multiplicité des doctrines éthiques, et par ailleurs qu'elle est la seule cohérente épistémologiquement avec notre conception internaliste de l'éthique. En effet, si nous acceptons une thèse internaliste forte, nous pouvons attendre de l'enseignement de l'éthique qu'il nous dise non pas quoi faire dans une situation donnée par la pratique que nous connaissons, mais qu'il nous dise en quoi la position éthique que nous défendons est, ou n'est pas, une position de type éthique. Car au fond rien ne nous oblige à considérer que la réponse éthique à une situation doit être unique : rien n'interdit de

p. 26, qu'on comparera avec B. Williams, « Internal and external reasons », *op. cit.*, p 122. De nombreuses versions de l'internalisme existent, qu'on considère par exemple qu'il repose ou non sur des dispositions à agir comme la norme nous le suggère. Voir par exemple pour une conception dispositionaliste de l'internalisme S.L. Darwall, « Internalism and Agency. Philosophical Perspectives », *Ethics*, 6, 1992.

15. K. Baier, *The Moral Point of View*, Ithaca, Cornell University Press, 1958, p. 148. Il est étonnant que Kant, que l'on considère en général comme un externaliste, ait développé cette ligne selon laquelle, en déployant sa philosophie pratique, il ne fait que reprendre cette hypothèse : nos intuitions peuvent tout à fait suffire à notre vie éthique et la philosophie pratique ne prend le relai que lorsque ces dernières sont défaillantes.

16. On comprend évidemment dans ce cas le problème très particulier que pose à l'éthique la figure, si elle existe, de l'amoraliste.

considérer, et cela sans être relativiste, que plusieurs réponses de l'agent à la situation dans laquelle il se trouve peuvent répondre à des exigences de type éthique. Cette hypothèse nous ramène à la conception dont Paul Bloomfield rappelle qu'elle a fait consensus, celle selon laquelle les vertus sont des « aptitudes » (skills [17]); bien qu'Aristote rejette cette hypothèse [18], Socrate la soutient dans le *Gorgias*. Je rappelle qu'une aptitude en ce sens repose sur des règles qui peuvent être énoncées, et qu'en ce sens je ne parle pas ici de la prudence aristotélicienne.

Si le jugement éthique repose bien sur une aptitude, alors il y a du sens à le faire advenir dans une situation de dialogue, dans laquelle l'interlocuteur affine ses intuitions en affrontant celles de l'autre. *A contrario*, il y a bien du sens à ne pas l'imposer sur un mode externaliste, d'un point de vue épistémologique, comme une doctrine entièrement constituée et qu'il faudrait apprendre et non pas découvrir en soi. J'en arrive à une conséquence assez surprenante puisque j'identifie un chiasme dans la manière dont les éthiques sont enseignées et dont les solutions éthiques sont construites et proposées. Car la position platonicienne, qui est externaliste (il existe un bien en soi que nous recherchons dans nos actions), nous place dans une situation où, parce que nous la recherchons dans un dialogue et que nous affinons nos procédures pour la faire advenir, est une manière épistémologiquement internaliste de faire entrer dans des considérations de type éthique. Alors que, dans une situation qui est la nôtre, qui est très globalement une situation d'internalisme éthique, nous avons une épistémologie externaliste de l'éthique.

Or s'il n'y a rien de contradictoire à développer les aptitudes à produire des jugements éthiques sur un mode épistémologiquement internaliste, même quand on soutient une position éthique de type externaliste, il est en revanche injustifié de produire des jugements éthiques internalistes en s'appuyant sur des procédures de type externaliste d'un point de vue épistémologique [19]. Dès lors, le chiasme auquel nous assistons est moins problématique pour les tenants d'une éthique externaliste, qui l'enseigneraient en usant d'une épistémologie internaliste, que pour les représentants d'une éthique internaliste, qui l'enseigneraient en s'appuyant sur une épistémologie externaliste. On peut tout à fait, en effet, concevoir qu'il existe un Bien éthique en soi (ce qui est une affirmation éthique de

17. P. Bloomfield, « Virtue, Epistemology and the Epistemology of Virtue », *Philosophy and Phenomenological Research*, 60, 2000, p. 23-25.

18. Aristote, *Éthique à Nicomaque*, 1140a, trad.fr. J. Tricot, Paris, Vrin, 1959.

19. Au sens où on peut, sans contradiction, considérer que les jugements éthiques que nous découvrons par des procédures épistémologiques internalistes doivent, une fois que nous les avons découverts, nous motiver simplement parce que nous les pensons être vrais.

type externaliste) et admettre que, dans chaque sitaution, et au regard de leurs aptitudes, les agents doivent développer un jugement éthique visant à chercher le Bien, ce qu'on confond trop souvent avec l'idée, qui ne me semble pas en découler nécessairement, que dans chaque situation il y a une et une seule solution éthique. Rien n'empêche de penser, précisément, que chercher en quoi une réponse à une situation est une réponse éthique est une procédure particulière, qui ne nous demande pas de construire des réponses éthiques, mais de comprendre ce qu'il y a d'éthique dans la solution que nous envisageons.

De ce point de vue, j'écarte les pistes de type constructiviste qui sont défendues par exemple dans l'interprétation que propose de Kant Christin Korsgaard[20]. Il me semble que la question que nous avons à nous poser n'est pas:

(1) comment construire une position éthique dans une situation donnée?

mais bien plutôt

(2) comment identifier une réaction en tant qu'elle est éthique dans les réactions que nous pouvons avoir?

ce qui déplace la question que nous nous posons de:

(1') comment réagir de manière éthique à cette situation?

à

(2') qu'y a-t-il d'éthique dans les réactions que nous envisageons?

Ce déplacement d'une question à une autre met en évidence qu'il s'agit de déterminer, dans une réaction possible à une situation, en quoi elle est éthique, ce qui est une façon tout à fait particulière et profondément internaliste de concevoir l'éthique. Il s'agit de conserver la réaction du sujet et d'examiner si, en tant qu'il prétend qu'elle a une dimension éthique, il est possible de la lui accorder. Il ne s'agit pas, si nous sommes internalistes, de construire une réaction à la situation dans laquelle nous nous trouvons, mais de déployer ce par quoi une réponse à la situation qui se prétend éthique est effet éthique, ou bien ne l'est pas. Car en ce sens, il y a une dimension externaliste dans toute tentative de répondre par une solution entièrement dessinée aux questions éthiques que peuvent se poser les sujets. Si, en somme, on prend au sérieux l'objection de l'amoraliste à un discours éthique, alors la seule manière de ne pas se heurter à cette objection est d'adopter la position que je viens d'énoncer.

20. C.M. Korsgaard, « Kant's Formula of Universal Law », *Pacific Philosophical Quarterly,* 66, no. 1-2, 1985, p. 24-26.

Ainsi donc, s'il y a du sens à faire usage de la distinction entre internalisme et externalisme en éthique, et si on souhaite la prendre au sérieux radicalement, il faut mettre en accord notre conception du discours éthique et de son pouvoir motivationnel avec la manière dont on le fait advenir, *si on est internaliste.* J'ai montré en effet que la question n'avait pas la même importance pour l'externaliste, et qu'il n'était pas tenu à cette exigence.

L'internaliste, s'il veut être en cohérence avec sa conception de l'éthique, doit la formuler d'une manière qui tienne compte de cette posture. Je ne vois pas, pour lui, d'autre manière cohérente de procéder que de se demander ce qu'il y a d'éthique dans une réaction éthique. Or cette question est à proprement parler une question méta-éthique. Dès lors, si nous sommes internalistes et si nous voulons comprendre en quoi une réaction donnée à une situation est une réaction éthique nous devons nous tourner non pas vers une conception particulière éthique à laquelle elle correspondrait, mais vers un répertoire de toutes les conceptions éthiques possibles que la forme du dialogue permet de faire s'affronter.

Bibliographie

ARISTOTE, *Éthique à Nicomaque*, trad. fr. Jules Tricot, Paris, Vrin, 1959.

ARCHIE Andre M., «The Anatomy of a Dialog», *Journal of Philosophical Research* 35, 2010, p. 129-146.

BAIER Kurt, *The Moral Point of View*, Ithaca, Cornell University Press, 1958.

BLOOMFIELD Paul, «Virtue, Epistemology and the Epistemology of Virtue», *Philosophy and Phenomenological Research,* 60, 2000, p. 23-43.

DARWALL Stephen L., «Internalism and Agency. Philosophical Perspectives», *Ethics,* 6, 1992, p. 55-174.

ENGEL Pascal, «Jules Vuillemin, les systèmes philosophiques et la vérité», dans Pierre Pellegrin et Roshdi Rashed (éd.), *Philosophie des mathématiques et théorie de la connaissance, l'œuvre de J. Vuillemin*, Paris, CNRS, 2005, p. 29-43.

FOOT Philippa, «Le problème de l'avortement et la doctrine de l'acte à double effet», dans Marc Neuberg, *La Responsabilité: questions philosophiques*, Paris, PUF, 1997, p. 156-170.

FRANKENA William Klaas, «Obligation and Motivation in Recent Moral Philosophy», in *Essays in Moral Philosophy,* Abraham Irving Melden (ed.), Seattle, University of Washington Press 1958, p. 40-81.

KORSGAARD Christine Marion, « Kant's Formula of Universal Law », *Pacific Philosophical Quarterly,* 66, no. 1-2, 1985, p. 24-47.

MAGNI Sergio Filippo, *Il relativismo etico,* Bologna, Il Mulino, 2010.

OGIEN Ruwen, *Le Rasoir de Kant et autres essais de philosophie pratique,* Paris, L'éclat, 2003.

PETERSON Sandra, « Remarks on Three Formulations of Ethical Relativism », *Ethics,* 95, 1985, p. 887-908.

SCANLON Tim Michael, *What We Owe to Each Other*, Cambridge (MA), Harvard University Press, 1998.

VUILLEMIN Jules, *De la logique à la théologie*, Paris, Flamarion, 1967.

WILLIAMS Bernard, *Morality. An Introduction to Ethics,* New York, Harper & Row, 1972.

—, *Ethics and the Limits of Philosophy*, Cambridge (MA), Harvard University Press, 1985.

—, « Internal and external reasons », in B. Williams, *Moral Luck,* Cambridge-New York, Cambridge University Press, 1981, p. 101-113.

LISTE DES AUTEURS

Dries BOELE, M.A., Universiteit van Amsterdam.
Philosophe praticien indépendant. Ses recherches portent depuis les années 1980 sur les nouvelles pratiques philosophiques, notamment sur le « dialogue socratique ».
Website : home.kpn.nl/boele097

Laura CANDIOTTO, Ph.D., Università Cà Foscari di Venezia.
Marie Curie Research Fellow at the University of Edinburgh, School of Philosophy.
Website : https://emotionsfirst.org/

Leon de HAAS, M.A., Universiteit van Amsterdam.
Philosophe praticien indépendant. Vorsitzender der Internationale Gesellschaft für Philosophische Praxis (IGPP).
Website : www.platopraktijk.nl

Anne HERLA, Docteure en philosophie, Université de Liège.
Maîtresse de conférences en didactique philosophique à l'Université de Liège, membre fondateur de PhiloCité.
Website : http://www.facphl.ulg.ac.be/cms/c_2662196/fr/repertoire-personnel?uid=u187147
www.philocite.eu

Gaëlle JEANMART, Docteure en philosophie, Université de Liège.
Maîtresse de conférences à l'Université de Liège. Coordinatrice de PhiloCité. Depuis une dizaine d'années, ses recherches portent sur les nouvelles pratiques philosophiques, leurs enjeux éthiques et politiques, et plus largement sur la didactique de la philosophie.
Website : philocite.eu

Lou MARINOFF, Ph.D., University College London.
Professor of Philosophy and Asian Studies, The City College of New York, President of the American Philosophical Practitioners Association
Website : www.loumarinoff.com
www.appa.edu

Mieke de MOOR, Docteure en philosophie, Université d'Aix-Marseille.
Chercheuse associée à l'Institut d'histoire de la philosophie de l'Université d'Aix-Marseille. Ses recherches portent sur l'éthique et les pratiques philosophiques. Elle enseigne à l'Université Populaire de Forcalquier.
Website : http://ihp.univ-amu.fr/?q=node/116
www.passagedidees.fr

Isabelle PARIENTE-BUTTERLIN, Habilitation, Université d'Aix-Marseille.
Professeur à l'Université d'Aix-Marseille et directrice du département de philosophie.
Website : http://ihp.univ-amu.fr/?q=node/87
https://univ-amu.academia.edu/IsabelleParienteButterlin

Thomas POLEDNITSCHEK, Ph.D., Lehrstuhl für Fundamentaltheologie Münster (Allemagne).
Psychologue et philosophe praticien indépendant.
Website : www.pppolednitschek.de

Livio ROSSETTI, Ph.D., Università degli Studi di Perugia.
Professeur émérite à l'Università degli Studi di Perugia, fondateur de l'association AMICA SOFIA (philosophie avec les enfants).
Website : www.rossettiweb.it/livio/
http://unipg.academia.edu/LivioRossetti

Kristof VAN ROSSEM, M.A., Katholieke Universiteit Leuven.
Philosophe praticien indépendant. Il a en charge la formation d'enseignants à la Katholieke Universiteit Leuven.
Website : www.socraticdialogue.be

TABLE DES MATIÈRES

Achevé d'imprimer par Corlet Numérique - 14110 Condé-sur-Noireau
N° d'Imprimeur : 138911 - Dépôt légal : mai 2017 - *Imprimé en France*